Barbara Rose, geboren 1965, ist Kinder- und Jugendbuchautorin und Journalistin. Über zehn Jahre lang hat sie sich Geschichten fürs Fernsehen ausgedacht und Sendungen für Kinder und Jugendliche im Radio moderiert. Inzwischen arbeitet sie als freie Autorin und kann das tun, was ihr am meisten Spaß macht: Bücher schreiben und daraus vorlesen. Sie wohnt mit ihrem Mann und ihren vier Kindern in der Nähe von Stuttgart.

Monika Parciak, 1976 in Danzig geboren, war als Gestalterin in Werbeagenturen tätig, bevor sie in Düsseldorf Kommunikations-Design studierte. Heute lebt und arbeitet sie als freie Grafik-Designerin und Illustratorin in Neuss.

Barbara Rose

Schöne Bescherung!
Wie eine Katze das Weihnachtsfest rettete

Illustriert von Monika Parciak

Oetinger Taschenbuch

Originalausgabe
1. Auflage 2018

©Oetinger Taschenbuch in der Verlag Friedrich Oetinger GmbH, Poppenbütteler
Chaussee 53, 22397 Hamburg
Oktober 2018
Alle Rechte vorbehalten
Text: Barbara Rose
Cover und Innenillustrationen: Monika Parciak
Druck: GGP Media GmbH,
Karl-Marx-Straße 24, 07381 Pößneck, Deutschland
ISBN 978-3-8415-0526-2

www.oetinger-taschenbuch.de

Inhaltsverzeichnis

Die Vorspeise …
    … ist nicht leicht zu verdauen 7
Der erste Bissen:
    Pappkarton – alt und gammelig ....: 9
Der zweite Bissen …
    … schmeckt nach Familie 16
Der dritte Bissen:
    Wild und scharf 24
Der vierte Bissen:
    Voller Pfeffer! 31
Der fünfte Bissen:
    Einbrecher statt Frühstück 37
Der sechste Bissen:
    Ein Topf voll Erde 46
Der siebte Bissen…
    … riecht nach Schokolade 54
Der achte Bissen:
    Viel Stroh und wenig Geschmack 64
Der neunte Bissen:
    Ein dicker Engel 72
Der zehnte Bissen …
    … ist kariert 79

Der elfte Bissen:
    Scherben! 88
Der zwölfte Bissen:
    Verbrannt? 96
Der dreizehnte Bissen:
    Gut versteckt 103
Der vierzehnte Bissen ...
    ... ist eine echte Rakete! 115
Nachtisch:
    Das Beste zum Schluss 122

Die Vorspeise ...
... ist nicht leicht zu verdauen

Ach, du fette Maus! In unserem Haus gibt es einen Dieb. Oder ein Einbrecher treibt sich in der Gegend herum und schafft es, irgendwie unbemerkt hineinzukommen. Erstaunlich, normalerweise erlausche ich nämlich alles. Auch Geräusche, die Menschen überhaupt nicht wahrnehmen können. Das liegt an meinem Gehör, genauer: an meinen wunderbaren Ohrmuscheln. Sie haben besonders viele Muskeln, die dafür sorgen, dass ich meine Lauscher ziemlich gut drehen kann. Und nicht nur das! Mein Gehirn kann sogar zwischen verschiedenen Geräuschquellen unterscheiden, die ganz dicht nebeneinander liegen. Klingt toll, hat mir allerdings in diesem Fall nichts genützt. Rein gar nichts. Ich kombiniere also: Der Dieb muss verflixt schlau sein. Sonst könnte er sich nicht an mir vorbeischleichen, denn ich schlafe beinahe direkt neben dem Tatort. Jede Nacht.

Eigentlich hätte mir das alles egal sein können, absolut nicht mein Revier. Ich bin schließlich nicht freiwillig am Ort des Verbrechens gelandet. Aber so ist es eben, manchmal schlittert man einfach in einen Fall hinein, ob man will oder nicht. Außerdem wurmt es mich, dass ich als Detektiv bisher so versagt habe. Jetzt muss ich mir sogar einen Verbündeten suchen, um die Sache aufzuklären. Aber es geht schließlich um ein

großes Ziel: Wie kann Weihnachten gerettet werden? *Miaaaaauuu!*

Aber damit ihr den verflixten Fall verstehen könnt, fange ich noch mal ganz von vorn an.

Der erste Bissen:
Pappkarton – alt und gammelig

Warum in aller Welt steht da dieser Karton? Mitten in unserem eleganten Flur. Auf den frisch polierten Marmorfliesen. Heiliger Thunfisch! Er ist schmutzig, riecht unangenehm und hat Löcher an den Seiten.

Sofort beginnt meine Schwanzspitze zu zucken. Der Karton stört meine Bewegungsfreiheit. Denn genau hier verläuft die tägliche Spazierstrecke von meinem flauschigen Kaschmir-Kissen zum Fressnapf neben dem Kühlschrank. Hallo? Wie soll ich so entspannt zu meiner hübschen Schale mit frischer, zimmerwarmer Sahne kommen? *Miau!*

Wenn ich, Mirella von Koschka, blütenweiße Birmakatze mit vornehmstem Stammbaum, zwei Dinge überhaupt nicht leiden kann, dann sind es Kinder und Unordnung. Das Erste kommt bei uns glücklicherweise gar nicht vor. Ich lebe schon seit vielen Jahren allein mit Beatrice. Selbst unser Personal – die Köchin, der Chauffeur und die Reinigungskraft – kommt jeden Morgen und verlässt das Haus am Abend wieder. Und was das Zweite angeht, die Ordnung, so war das bisher kein Problem. Dafür hatten wir Frau Schmidt.

»Frau Schmidt hat leider gekündigt, Mirella«, hatte mir Beatrice vor einiger Zeit erklärt und dabei liebevoll mein Fell gekrault. »Die zwei Stockwerke und das Abstauben

9

der vielen Antiquitäten sind für die alte Dame zu viel. Aber ich habe natürlich längst anderes Personal besorgt. Ich habe wirklich Glück gehabt, dass ich in der Vorweihnachtszeit noch so schnell jemanden gefunden habe. Bitte bleib ganz ruhig und lass dich von der neuen Putzfrau nicht erschrecken.«

Danke für die Vorwarnung. Ich bin schließlich sensibel. Und dieser Karton nervt! Missmutig sehe ich mich um, ob nicht endlich jemand die Pappschachtel entfernen möchte. Sicher hat Katja den Karton einfach hier abgestellt. Katja ist unsere neue Putzfrau und noch nicht vertraut mit den Gepflogenheiten in diesem Haus. Oje, wenn mein Frauchen Beatrice den Karton sieht, dann gibt es Ärger.

Ich höre schon ihren Lieblingssatz: »Der Eingangsbereich ist die Visitenkarte des Hauses. Der erste Eindruck ist immer der wichtigste. Das Einzige, was hier herumliegen darf, ist meine Katze.«

So ist es. Ich liege ja auch nicht wirklich, sondern schmücke die Umgebung mit meiner Anwesenheit. *Miau-mau!*

Gerade will ich Beatrice suchen, um mich zu beschweren, da schwingt die Küchentür auf. Beatrice schreitet gemessenen Schrittes heraus. Langsam und elegant wie immer. Gefolgt von Katja. Ha! Habe ich es mir doch gedacht, jetzt gibt es eine Rüge. Das will ich mir nicht entgehen lassen. Ich setze mich auf den Boden, sehe Beatrice in die Augen, maunze ein bisschen beleidigt und peitsche mit dem Schwanz. Das wirkt immer. Mein Frauchen soll ruhig sehen, dass ich ebenfalls unzufrieden mit der Putzfrau bin. Aber ich kann ja wohl schlecht selbst den Staubwedel in die Pfoten nehmen oder den Staubsauger schwingen. Wir Katzen sind sehr reinliche Wesen, wir haben einen natürlichen Drang zur Sauberkeit. Und wenn ich damit unzufrieden bin, dann schlägt mir das sofort auf meinen empfindlichen Magen. *Maunz!* Zum Beweis rolle ich mich auf den Rücken und wimmere. Spätestens jetzt sollte Beatrice vor Mitleid überlaufen. Bestimmt bestellt sie mir zur Beruhigung ein feines Kalbsragout bei der Köchin. Oder lässt mir frisch gekochte Hähnchenleber servieren.

Meine Beatrice! Ich liebe ihre feine, anmutige Art zu re-

den und ihr entschlossenes Auftreten. Das muss sie wohl auch haben, als Leittier von vielen Menschen. Abends berichtet sie mir manchmal davon, wenn ich beim Fernsehen in ihrem Schoß liege.

»Ich bin so froh, wenn ich hier einfach mit dir sitzen kann«, flüstert sie dann und massiert mir den Nacken. Und dabei riecht sie immer so gut. »Kein Stress, keine Entscheidungen, die ich treffen muss. Nur du und ich, Mirella.«

Dann schnurre ich extralaut, damit sie auf keinen Fall mit dem Streicheln aufhört. *Prrrr!*

Jetzt muss ich mich aber wieder auf das Gespräch von Beatrice und der Putzfrau konzentrieren. Ich bin ziemlich neugierig, deshalb schleiche ich möglichst lässig und unauffällig näher. Sonst verpasse ich noch etwas.

»Ich bringe es einfach nicht übers Herz«, erklärt Beatrice gerade der Putzfrau. Ich spitze die Ohren. »Natürlich will ich die Weltreise unbedingt machen, alles ist gebucht. Aber so hatte ich mir unseren Abschied nicht vorgestellt. Und das auch noch kurz vor Weihnachten. Nein, nein, nein, ich kann es nicht tun.«

Abschied? Wird die neue Reinigungskraft etwa schon wieder gefeuert? Donnerwetter, das ging flott. Wahrscheinlich hat es mit der Reise zu tun, die Beatrice seit vielen Monaten plant. Sie spricht von nichts anderem mehr, immer die gleichen Sätze:

»Ich will endlich die ganze Welt sehen. Ich arbeite viel zu viel, so kann das nicht weitergehen. Geld genug habe ich längst, jetzt will ich endlich leben!«

Äh … ja. *Maunz!* So ganz habe ich zwar nicht verstanden, was sie damit sagen will. Also, ich meine … sie lebt doch. Oder macht sich Beatrice Sorgen, dass sie bald bei der Arbeit stirbt? Vielleicht vor Langeweile?

»Sie müssen jetzt ganz stark sein«, sagt die Putzfrau gerade zu Beatrice. Mit ihrem Finger deutet sie mehrmals auf mich, als wollte sie mich erstechen. »Es ist doch nur eine Katze.«

Wie bitte? Ach, du schimmelige Maus! *Nur* eine Katze? Gleich kratze ich dir die Augen aus, du Staubwedelschwingerin. Du Besendompteurin, du … pah! Ich wende mich kurz um, strecke ihr beleidigt meinen Hintern entgegen, pupse einmal kräftig und drehe mich wieder zurück. Kann mir doch ganz egal sein, was diese Katja über mich denkt. Hier geht es nur um mich und Beatrice. Hoppla! Warum laufen auf einmal Tränen über das Gesicht von Beatrice?

»Ich schaffe es nicht, Katja.« Auch ihre Stimme klingt anders als sonst. Hoch und zerbrechlich. »Ich kann meinem Liebling noch nicht einmal in die Augen sehen.« Beatrice schüttelt den Kopf und seufzt dramatisch. An ihrem Gesicht kann ich ablesen, dass sie sich nicht wohlfühlt. Kein bisschen. »Bitte nehmen Sie mein Schätzchen und … setzen Sie Mirella in den Karton.« Mit verschleiertem Blick sieht sie zu mir. »Ich – ich … kann dich nicht mitnehmen, Mirella, das geht nicht auf einem Kreuzfahrtschiff. Aber ich komme wieder. Ganz bestimmt, und dann hole ich dich … eventuell. Versteh doch, es ist

nur für eine gewisse Zeit ... vielleicht ... je nachdem, wie sich die Reise entwickelt. Und ... ach, das ist jetzt alles so würdelos! Kein Komfort, kein Stil. Aber so hat es sich die Familie ausdrücklich gewünscht. Keine Transportbox aus Plastik, sondern ein einfacher Karton. Ohne jeden Schnickschnack.«

Wie bitte? Habe ich das gerade richtig verstanden? Mein Name im Zusammenhang mit diesem Karton? Und von welcher Familie spricht sie? Das kann doch alles nicht sein. Mein Frauchen will mich weggeben? Aber warum denn? Drei Jahre lang waren wir ein Herz und eine Seele, wir waren Freunde, Verbündete. Mir wird auf einmal ganz schwindelig. Katastrophe! Beatrice, was soll das?

»Katja, bitte bringen Sie die Sache zu Ende«, keucht mein Frauchen. »Adieu, meine Schöne. Vergiss mich nicht in deinem neuen wunderbaren Leben. Dich erwartet die beste Familie, die ich finden konnte. Mit wohlerzogenen, höflichen Kindern und ... ach!« Beatrice schluchzt laut, dreht sich abrupt auf ihren hohen Schuhen um und verschwindet in der Küche.

Bevor ich mich aufrichten kann, steht Katja neben mir. So viel Schnelligkeit hätte ich dieser Person gar nicht zugetraut! Mir bleibt weder Zeit, um meine Krallen auszufahren, noch, um sie in die Finger zu beißen. Mit einer ihrer breiten Hände packt sie mich am Kragen, die andere schiebt sie unter meinen Bauch. Autsch! Das tut doch weh. Sie hebt mich hoch, presst mich in den Karton und ...

Dunkelheit.
Gestank.
Enge.
Katzenjammer.
Was in aller Welt passiert hier gerade?

Der zweite Bissen ...
... schmeckt nach Familie

Das Erste, was mir auffällt, ist der Geruch. Selbst durch die stinkende Pappe merke ich: Es riecht nach Kindern. Eindeutig, da bin ich mausetotsicher! Einmal im Jahr, zu jedem Geburtstag von Beatrice, ist immer ihre Schwester gekommen. Sie hat ein kleines Geschenk gebracht und viel Kuchen gegessen. Mit ihren zwei Kindern, einem Jungen und einem Mädchen. Und diese zwei Minimenschen haben genauso gerochen, wie ich es jetzt erschnüffle. Der Junge war ganz in Ordnung, er hat mich wenigstens nicht am Schwanz gezogen. Aber das Mädchen wollte mich frisieren. Mit einer Puppenhaarbürste. Unerhört! *Krrrrr!*

Das Zweite, was mir auffällt, ist diese Stimme direkt neben mir. Nicht sehr kräftig, aber weich. So spricht nur ein Kind. Ein Junge, da bin ich fast sicher.

»Darf ich die Katze aus dem Karton holen?«, vernehme ich die Stimme etwas dumpf. Ich presse meinen Kopf an die Kartonwand, um noch besser hören zu können. »Das gefällt dem armen Kätzchen doch bestimmt nicht.«

Bingo! Da kennt sich aber einer aus. Wenigstens *ein* Mensch, der Rücksicht auf mein Befinden nimmt. Am liebsten würde ich dem Jungen sagen, dass er recht hat. Dass er mich gern und bitte schön sehr vorsichtig befreien kann. Und dass es mir natürlich absolut und überhaupt nicht in dieser blöden Kiste gefällt. Es gibt nur ein

Problem: Ich kann nicht sprechen. Also zumindest nicht Menschensprache. *Miauuuuu!*

»Hör mal, Papa, wie sie maunzt. Vielleicht tut ihr was weh?«, sagt der Junge. »Ich hole sie jetzt aus dem Karton, ja?«

»Auf keinen Fall!«, donnert eine zweite Stimme.

Eine dunkle, männliche Stimme. Nicht unsympathisch, aber sehr bestimmt. Zu bestimmt, das riecht nach Ärger. Ich weiß nämlich auch ziemlich genau, was ich will, und kann es gar nicht leiden, wenn das nicht gemacht wird.

»Die Katze darf erst raus, wenn wir zu Hause sind«, erklärt die tiefe Stimme.

»Aber im Karton ist es ganz dunkel«, erklärt der Junge. »Bestimmt hat sie Angst da drin. Hätte ich auch.«

»Und ich habe Angst um meine Polster. Wer weiß, wie die Katze reagiert, wenn du sie hier rauslässt. Vielleicht zerkratzt sie alles.« Die dunkle Stimme ist noch dunkler geworden. »Der Karton wird erst geöffnet, wenn wir da sind.«

Oha. Klare Ansage. Da werde ich wohl noch eine Weile in der Kiste ausharren müssen. Und von welchem *Zuhause* spricht der Kerl? Von meinem auf jeden Fall nicht. Ich wohne bei Beatrice in der vornehmen Kastanienallee, vierter und fünfter Stock. Oder besser ... dort habe ich mal gewohnt. Bis Beatrice mich entsorgt hat. Jawohl! In einem billigen Pappkarton aus dem Supermarkt. Was für eine Schmach. *Mauuuunz!*

»Aber sie jammert so, Papa«, drängt der Junge noch einmal.

»Kann ich nicht wenigstens die Klappe aufmachen? Dann kriegt sie mehr Luft.«

»Vergiss es«, gibt die Männerstimme zurück. »Wir müssen uns erst mal ansehen, wie das Tier auf uns reagiert. So ein Umzug ist eine heikle Angelegenheit. Dazu brauchen wir Ruhe. Wer weiß, vielleicht hat Beatrice die arme Katze völlig verzogen. Das würde ich ihr glatt zutrauen.«

Verzogen? Ich? Das ist ja zum Mäusemelken. Dir gebe ich es gleich – *verzogen.* Ich bin nicht verzogen, sondern habe lediglich einen guten Geschmack, was meine Unterkunft und mein Fressen angeht. Adel verpflichtet! Da fällt mir ein – wo ist eigentlich mein Kaschmir-Schlafkissen? Na, wenigstens das hätte mir Beatrice in den Karton packen können. Besser als das einfache Geschirrtuch, auf dem ich liege. Und was das Fressen angeht, so habe ich eben ganz klare Vorstellungen. Mindere Futterqualität ist Sparsamkeit am falschen Ende, hat Beatrice unserer Köchin immer wieder erklärt. Ich bevorzuge Fisch, leicht gedünstete Hähnchenbrust, Putenschnitzel oder Gans. Die am liebsten in Form von Pasteten. *Mmmmiauhau!*

»Wahrscheinlich frisst sie kein Dosen- oder Trockenfutter«, sagt der Mann jetzt, »sondern nur ganz feine Sachen. Gänseleberpastete, Hähnchenbrust und so. Das ist sicher eine Diva.«

Diva – pah! Soll er doch denken, was er will, dieser Kerl. Aber ... ranzige Ölsardine ... beim Thema Futter merke ich gerade, dass es meinem Magen gar nicht gut geht. Es schwankt bedenklich. Also ... mein Magen *und* der Karton, in dem ich immer noch festsitze. Offensichtlich fahren wir in einem Auto. Eigentlich bin ich das gewohnt, kein Problem für mich. Beatrice ist nie außerhalb unserer Wohnung zu Fuß gelaufen, und ich natürlich auch nicht. Dafür hatten wir ja einen Chauffeur. Was ich nicht gewohnt bin, ist, dass ich beim Autofahren in einem geschlossenen, dunklen, stinkenden Karton sitze. *Maunz!* Ich bin schließlich eine vornehme Katze. Unser Chauffeur George hat mich immer zum Wagen getragen, dort habe ich in einem Katzenkörbchen auf dem Rücksitz Platz genommen. Neben Beatrice.

Beatrice! Ach, wie konnte sie mir das nur antun? Dass

sie mich wegen einer Reise im Stich lässt. Einer Weltreise. Warum konnte sie mich nicht einfach mitnehmen? Ich würde auch gern die große, weite Welt sehen. Vielleicht Katzen aus verschiedenen Ländern treffen, sofern sie auch in unserem Hotel wohnen. Mit Beatrice am Fenster sitzen und in den Abendhimmel von all diesen Städten blicken, von denen sie mir vorgeschwärmt hat. Und in der Nacht hätte ich mich brav in meinem Körbchen zusammengerollt. *Miaaaaau!* Ich verstehe Beatrice nicht, wirklich nicht. Wir haben doch immer alles zusammen gemacht: jeden Sonntag Frühstück im Ritz Carlton. Mit frischer geschlagener Sahne. Ein Träumchen! Einmal die Woche ein Besuch beim Katzenmasseur, am Wochenende Fernsehabende mit Kartoffelchips. Ein Schüsselchen für Beatrice, eins für mich. *Mmmmmmh!*

»Sie hat gebrummt. Habe ich genau gehört. Bestimmt ist die Katze ganz lieb und kuschelig. Eine richtige Schmusekatze«, höre ich den Jungen. Seine Stimme hat einen so weichen Klang, dass sich mir die Nackenhaare aufstellen. Pfff, bloß nicht sentimental werden.

»Eine Schmusekatze? Das will ich ihr auch geraten haben, sonst fliegt sie gleich wieder raus und landet doch noch im Tierheim«, brummt die tiefe Stimme.

»Papa!«, sagt der Junge empört.

Der Mann, den ich für den Fahrer des Wagens halte, beginnt vergnügt und grottenfalsch zu pfeifen. Ein Anschlag auf meine sensiblen Katzenohren. Aufhören, sofort aufhören!

»Ist doch wahr, Finn«, murmelt er und pfeift dadurch zumindest nicht mehr. »Hoffe mal, das gibt keinen Katzenjammer mit unserem neuen Mitbewohner.«

Aha. Der Junge heißt also Finn. Das klingt nicht mal schlecht. Seine Stimme ist auch ganz nett. Aber er ist ein Kind, und Kinder kann ich nicht leiden.

»Darf die Katze in meinem Bett schlafen?«, fragt Finn leise. »Bitte, das wünsche ich mir.«

Holla, die Spitzmaus. Na ja, das mit dem gemeinsamen Schlafen ist so eine Sache. Meine Schmusepartner suche ich mir schon selbst aus, da bin ich eigen. Beatrice beispielsweise ist ... falsch ... sie war reizend. Tagsüber zumindest. In der Nacht hat das ganz anders ausgesehen. Mehrmals habe ich mich am Fußende von ihrem Bett eingerollt und ihr die nackten Zehen gewärmt. Doch leider schnarcht Beatrice wie ein ausgewachsener Berglöwe. Nicht gerade fein für eine Dame, ich weiß. Normalerweise würde ich darüber auch Stillschweigen bewahren. Aber wer mich so schnöde im Stich lässt, hat kein Mitleid verdient. *Miaaaauuu!* Auf jeden Fall habe ich es seitdem immer vorgezogen, allein im Wohnzimmer in meinem Körbchen zu nächtigen. Diesen Jungen mit der sanften Stimme da neben mir, den könnte ich eventuell, möglicherweise, ganz vielleicht sogar in Betracht ziehen, wenn ...

»Das ist nicht deine Katze«, erklärt die tiefe Stimme. »Du darfst sie natürlich mal streicheln, wie alle anderen bei uns. Und das sind ja jede Menge Leute. Aber vergiss

21

nicht, Finn, dass wir die Katze eigentlich für Lola gedacht haben.«

Lola? Wer in aller Welt ist das denn jetzt schon wieder? Ach, du fettiger Speck. Und was heißt es, dass jede Menge Leute da sind, wo ich wohl gerade hingebracht werde? Lande ich am Ende in einem billigen Drittklassehotel? Als Therapiekatze für durchgeknallte Gäste? Beatrice hat mir erzählt, dass die das immer mit Hunden machen. Die liegen dann als Bürohunde zur Beruhigung der Mitarbeiter unterm Schreibtisch. Oder stromern durch die Altersheime, damit die Menschen da nicht so allein sind. Was für ein Katzenjammer! Diese Hunde lassen wirklich alles über sich ergehen, das weiß sogar ich. Aus eigener Beobachtung! Hasso, der durch und durch schlecht erzogene und völlig missratene Köter aus dem Stock über uns, hat sich nicht nur eine Leine anziehen lassen, sondern auch noch einen Strickpulli. Wie peinlich! Das würden wir Katzen ja nie mit uns machen lassen, dazu sind wir viel zu eigensinnig und unabhängig.

Und das ist auch gut so.

»Wir sind gleich da, Finn. Halt den Karton fest, wenn ich bremse, sonst donnert die Kiste noch gegen meinen Sitz. Wär ja blöd, wenn Mirella gleich mit Gehirnerschütterung bei uns landet.« Die dunkle Stimme lacht ein tiefes Lachen.

Haha. Sehr witzig.

»Wie heißt die Katze noch mal?«, will Finn wissen.

Er pult so lange am Karton, bis er mich mit einem Auge

anblinzelt. Einem blauen Auge. Ich mag Blau. Meine Augen haben die gleiche Farbe, das weiß ich von meinem morgendlichen Prüfblick in den Spiegel. Man muss schließlich auf sein Äußeres achten.

Zong!

Jetzt ist der doofe Karton doch tatsächlich irgendwo dagegengedonnert. Mein Kopf dröhnt, meine Pfoten zittern. Wahrscheinlich habe ich mich schwer verletzt und muss sofort zum Tierarzt. Oder operiert werden. Oder beides. *Miaaaauuu!*

»Miri?«, ruft Finn erschrocken. »Alles okay, Miri?«

Häh? Ich glaube, ich habe tatsächlich eine Gehirnerschütterung, genau wie es der Mann am Steuer vorhergesagt hat. Anders kann es nicht sein. Ich habe mir doch glatt eingebildet, dass mich Finn gerade mit dem lächerlichen Namen *Miri* angesprochen hat. MIRI*!*

Krrrr.

Heiliger Mäuseschreck, das fängt ja gut an.

Der dritte Bissen:
Wild und scharf

»Mach doch mal endlich den Karton auf, Lola. Aber vorsichtig!«, höre ich eine sanfte Stimme.

Klingt ein bisschen wie Beatrice. Also ist Vorsicht geboten, ein zweites Mal falle ich auf diese Du-bist-mein-bester-Freund-für-immer-und-ewig-Masche nicht rein. Also: bloß kein Vertrauen aufbauen, sonst ist bestimmt bald wieder alles für die Katz. Aus Fehlern wird man klug.

»Beeil dich, Lola. Freunde dich am besten gleich mal mit deiner Katze an«, fordert die Frauenstimme.

»Piano, Mensch. Bin ja schon dabei.« Ein Mädchenkopf mit Locken, Stupsnase und dunklen Augen bohrt sich in meinen Karton. Ich starre das Mädchen an, und das Mädchen starrt mich an. Das muss Lola sein. Komisch, wieso hat sie einen Ring durch die Nase? Sieht aus wie in dem Tierfilm aus den Schweizer Bergen, den ich kürzlich mit Beatrice gesehen habe. Da hatten die Bullen, also die männlichen Rinder, auch so ein Ding in der empfindlichen Nase. Wenn man daran einen Strick knüpft, kann der Bauer sie ganz leicht bändigen. Ich wusste gar nicht, dass die Menschen das mit ihren Kindern auch so machen. Also ist Lola sicher ganz schön wild. *Miaaaau!*

»Kann es sein, dass die Katze voll auf mein Nasenpiercing glotzt?«, kreischt Lola. »Die ist ja echt krass drauf. Wie ätzend.«

»Kann ich gut verstehen«, knurrt die Männerstimme aus dem Auto. »Steck dir doch nicht immer diesen albernen Ohrring an die Nase. Du bist noch viel zu jung für ein Piercing, das merkt sogar die Katze. Also weg damit.«

»Aber so kann ich ausprobieren, ob mir das steht, Papa«, pampt Lola zurück. »Das ist cool. So was wollen alle in meiner Klasse. Und der Katze kann das ja wohl voll egal sein.«

»Jetzt hol sie doch erst mal raus, ich will sie endlich sehen«, mault Finn. »Papa hat mir verboten, den Karton aufzumachen. Obwohl ich die ganze Fahrt auf sie aufgepasst habe. Nur weil du zu faul warst, mitzufahren, Lola.«

Kurz über meinem Katzenschädel schüttelt Lola wie wild ihre Locken. »Alter! Die ist ja gar kein Baby mehr. Die ist ja schon groß. Und ganz weiß, wie langweilig. Boah, die fasse ich nicht an, vielleicht beißt sie. Warte mal, das geht auch anders.«

Einen Moment später merke ich, wie der Karton hochgehoben und kräftig durchgeschüttelt wird. Hallo? Bin ich hier in einer Waschmaschine?

Zosch!

... wird der Inhalt – also ich – mit voller Wucht auf den Teppichboden geschüttet. Frechheit! Na, wenigstens falle ich weich, denn wir Katzen landen fast immer auf den Pfoten. Das ist so ein Reflex, der bei uns angeboren ist. Eigentlich ein echtes Kunststück: Sobald ich mich im freien Fall befinde, bremse ich instinktiv mit dem Schwanz ab und wende dann Kopf, Oberkörper und Hinterteil in

Fallrichtung. Zum Schluss noch einen Buckel, um den Aufprall abzufedern ... Tschakka.

Leicht benommen sitze ich auf dem harten Parkett und muss mich erst mal wieder sortieren. Als ich mich umsehe, ernte ich bewundernde Blicke von drei großen Menschen und zwei kleineren. Sie stehen im Kreis um mich herum, und zwar so eng, dass eine Flucht unmöglich ist. Dieser Tag ist eindeutig nicht mein Freund! Was ich noch entdecken kann: ein Sofa, zwei Sessel, und – heiliger Floh! – im Zimmer steht ein Baum. Eine Tanne, um ganz genau zu sein. Wenn ich das richtig sehe, dann scheint sie direkt aus dem Parkettboden zu wachsen. Was natürlich völliger Blödsinn ist, wie ich ein Katzenblinzeln später entdecke, als ich mir kurz den Kopf verrenke: Das

Ding steckt in einem Baumständer. Kenne ich schon von den Hotelbesuchen mit Beatrice.

Der Junge mit den kurzen Haaren muss Finn sein, das Mädchen mit dem Haltering in der Nase Lola. Täusche ich mich, oder riecht sie ein bisschen verbrannt ...? Ist ja auch egal, denn wenn es nach mir geht, müssen wir uns gar nicht näher kennenlernen. Schätze mal, dass der Mann der Typ ist, der das Auto gefahren hat. Aber wer sind die anderen beiden? Eine duftet ziemlich gut, die andere müffelt nach alten Blumen.

»Hast du gesehen, wie sie auf den Pfoten gelandet ist? Das war klasse.« Finns Stimme ist voller Anerkennung. »Und von dir war es richtig gemein, Lola. Du kannst Miri doch nicht einfach so fallen lassen. Wenn sie sich was gebrochen hätte!«

Miri! Schon wieder dieser Name. Meint der damit etwa mich? Junge, Junge, so werden wir keine Kumpels. Ich heiße Mirella. Mirella von Koschka.

»Wie heißt die Katze?« Der ältere Mensch beugt sich zu mir und pikt den Zeigefinger in meinen Bauch.

Autsch, das tut doch weh. *Miaauuuu!*

»Sie heißt Mirella«, sagt der Mann aus dem Auto.

»Was war für ein schöner Name«, flötet der ältere Mensch. »Mirabella. Früher stand in unserem Garten ein Baum mit diesen Früchtchen – Mirabellen. So ein feiner Name, Kätzchen.«

»Nicht Mirabella, Oma Lisbet. Sie heißt Mirella«, brüllt Finn dem älteren Mensch ins Ohr. »Hör mal richtig zu.«

27

»Wie bitte? Was sagst du?«

Oma Lisbet fummelt ein bisschen an ihrem Ohr herum. Es quiekt und fiept, dass es mir in den Lauschern dröhnt. Hat sie etwa eine Maus im Gehörgang? »Also, irgendwas stimmt mit meinem Hörgerät nicht. So, jetzt habe ich es.« Bevor ich mich irgendwo verkriechen kann, pikt sie mich noch einmal mit ihrem Zeigefinger in den Bauch. »Na, du kleine Mortadella.«

»Mortadella!«, quiekt Finn vergnügt. »Sie hat Miri Mortadella genannt. Wie die Wurst auf meinem Frühstücksbrötchen.«

Auch die sanfte Stimme und der Mann aus dem Auto fangen an zu lachen, Lola haut sich vor Vergnügen auf die Schenkel. Was für ein Theater! Ich glaube wirklich, diese Familie ist ein bisschen verrückt. Jetzt muss ich aber mal für Ordnung sorgen. Ich mache einen Buckel, fletsche die Zähne und fauche. *Krrrr!*

Schlagartig ist Ruhe. Na also, geht doch.

Allerdings ... öh ... muss ich jetzt ganz dringend. Im Auto, in diesem hässlichen Karton, habe ich es mir verkniffen, aber jetzt ... Ich winde mich auf dem Teppich wie ein Aal. Merkt denn hier keiner, was Sache ist?

»Oh, ich glaube, Mirella muss aufs Töpfchen«, brummt der Mann aus dem Auto. »Lola, zeigst du ihr mal, wo das Katzenklo ist?«

Nasenring-Lola tippt sich mit dem Zeigefinger an die Stirn und kneift die Augen zusammen. Das Gleiche mache ich auch – allerdings mit meinen Pobacken, denn sonst ist hier gleich Überschwemmung auf dem Teppich. Geht da jetzt was, Lola?

»Ich fasse die nicht an, echt nicht. Die guckt mich so an ... boah ... bestimmt frisst die mich gleich.« Lola dreht sich einfach um und geht.

»Das klappt ja alles prima. Wir sprechen uns noch, Lola!« Der Mann holt tief Luft und packt mich am Bauch. Uaarhg, jetzt bloß nicht fest zudrücken, sonst kann ich für nichts garantieren!

»Ganz ruhig«, meint der Auto-Mann und hebt mich erstaunlich vorsichtig hoch. »Ich zeige dir, wo dein Katzenklo ist.«

Er bringt mich zu einer Abstellkammer für Schuhe, in der eine Kiste mit muffigem Streu steht. Na, da durfte ich aber schon luxuriöser aufs Klo gehen. Beatrice hatte so ein schickes Designerteil für mich gekauft. Kreisrund und aus kühlem Emaille. Die Putzfrau hat es nach jedem Besuch von mir gereinigt und mit neuen weichen Flocken befüllt. Für mich natürlich nur vom Feinsten. Ganz anders als hier. *Mahuuunz!*

Zumindest zieht sich der Auto-Mann dezent zurück und lässt mich allein mein Geschäft verrichten. Das rechne ich ihm hoch an. Wenigstens einer, der gut erzogen ist. Als ich fertig bin, schleiche ich ihm ins Wohnzimmer hinterher. Zurück zu den anderen fremden Menschen. Was bleibt mir anderes übrig? Wohin sollte ich auch sonst?

»Ich glaube, Mirella ist das alles hier bei uns ein biss-

chen zu viel. Wir wollen uns der Katze jetzt mal vorstellen«, erklärt die sanfte Stimme. »Das habe ich in meinem Katzenratgeber gelesen. Katzen mögen das.«

Ach was? Wer mag es nicht, wenn er erfährt, mit wem er es gerade zu tun hat? Oder werdet ihr Menschen einfach irgendwo in den Kreis gesetzt, alle reden auf euch ein und dürfen euch bisschen angrapschen? Sehr lobenswert, dass die sanfte Stimme daran denkt. Na, mal sehen, wohin sie mich verschleppt haben ...

Der vierte Bissen:
Voller Pfeffer!

»Ich fange mit uns Erwachsenen an«, sagt die sanfte Stimme und deutet auf die Frau mit der Maus im Ohr. »Oma Lisbet, die Seele der Familie. Und das hier ist«, sie zeigt auf den Typ aus dem Auto, »ist Paul, mein Mann. Der Papa von Lola und Finn. Und damit du es gleich weißt: Er war dagegen, dass wir dich von Beatrice holen.«

»Sorry, Mirella.« Paul zwinkert mir zu. »Du musst mir erst beweisen, dass du eine Bereicherung für unsere Familie bist. Davon bin ich noch nicht überzeugt.«

»Umso erstaunlicher, dass du Mirella ohne Murren zum Katzenklo getragen hast«, meint die sanfte Stimme und funkelt Lola an. »Papa hat nicht so herumgezickt wie du, Lola.«

Krrr! Den Blick, den die sanfte Stimme dem Mädchen zuwirft, kenne ich. Schmale Augen, verengte Pupillen. Ich nenne ihn den Katzen-Killer-Blick. Räudiger Köter, da kommt noch ein Gewitter auf Lola zu. Die muss sich warm anziehen. Aber das geschieht ihr recht, dieser Nasenring-Motzgurke. Interessiert sehe ich mich weiter in der Runde um. Das ist eigentlich ziemlich spannend. Hier ist wesentlich mehr los als bei Beatrice, das muss ich zugeben.

»Ich hab auch nicht rumgezickt«, flüstert Lola. »Ich – ich weiß einfach nicht, wie ich die Katze tragen muss.«

»Das hättest du auch mal vorher sagen können«, sagt Paul. »Hätten wir ganz leicht klären können. Ich habe auch noch nie eine Katze aufs Töpfchen getragen. Und im Gegensatz zu dir habe *ich* nie gesagt, dass ich eine Katze haben will.«

Finn lächelt mich unsicher an. »Kannst du Papa nicht zeigen, dass wir dich unbedingt brauchen? Bitte, Miri. Gib dir Mühe, damit er dich mag.«

Gib dir Mühe, damit er dich mag? Hallo? Ist mir doch völlig wumpe, was Finns Papa von mir hält. Dem war es schließlich auch egal, dass mein Karton und mein Kopf im Auto gegen die Lehne geknallt sind. Pah! Wenn es nach mir gegangen wäre, wäre ich hier nie gelandet. Mir hat es zu Hause viel besser gefallen. In meiner schicken, luxuriösen, ruhigen, friedlichen, stillen Umgebung. Wieso ist das Schicksal so ungerecht? Ich will wieder zu meiner Beatrice!

»Ich muss die Katze ja nicht gleich lieben, Finn. Aber zumindest will ich nicht das Gefühl haben, dass wir uns nur Stress und Arbeit ins Haus geholt haben.« Paul kratzt sich an seinem Stoppelbart. »Gerade jetzt, in der Weihnachtszeit, haben wir alle genug zu tun. Da will ich mich nicht noch um eine Katze kümmern müssen. Aber ihr Kinder wolltet es so unbedingt – vor allem Lola.« Er wirft seiner Tochter einen Blick zu, der jeder wütenden Katze Ehre gemacht hätte. Dann geht er in die Knie und sieht mir direkt in die Augen. »Wenn es nach Beatrice gegangen wäre, wärst du im Tierheim gelandet. Eine andere Wahl hatte sie nicht, bis wir uns eigeschaltet haben. Also, Mirella, das hier muss eine Win-win-Situation für alle werden. Was meinst du?«

Gute Frage. Was ich meine? Erstens: Falls du es noch nicht gemerkt hast, Paul, ich kann dir gar nicht antworten. Zumindest nicht in deiner Sprache. *Miauuuuu!* Zweitens weiß ich nicht, was das für eine Situation sein soll. Win-win sagt mir gar nichts, ich kenne nur Wiener. Diese leckeren Würstchen nämlich. Also, wenn du die meinst, dann bin ich dafür. Und drittens – und das ist das Entscheidende: Ich bin im Moment sowieso etwas sprachlos. Beatrice wollte mich in ein Tierheim geben? Das ... also ... das muss ich erst mal verdauen. Wo ist das Mauseloch, in dem ich verschwinden kann?

»Jetzt sei doch nicht so streng mit der armen Katze, Paul. Ich habe uns noch gar nicht alle vorgestellt, da drohst du ihr schon damit, dass wir sie wieder weggeben. Das ist wirklich nicht nett«, plappert die sanfte Stimme einfach weiter und deutet auf sich. »Ich bin übrigens Pauls Frau, die Mama von Lola und Finn. Ich heiße Linda.« Vorsichtig kniet sie sich auf den Teppich, hält mir ihre Hand hin, damit ich sie ein bisschen beschnuppern kann, und streichelt mir sanft übers Fell. Und nicht nur das – sie krault mich am Kinn. *Prrrr!* Das tut so gut nach all diesen schlimmen Botschaften. Das ist wunderbar. Heilige Flunder, das liiiiiiebe ich!

»Keine Angst, Mirella«, säuselt Linda. »Paul und ich müssen zwar viel arbeiten, aber Oma Lisbet und Lola

und Finn sorgen gut für dich. Lola wünscht sich schon so lange eine Katze, und jetzt bist du endlich da.«

Ich straffe meinen Körper, hebe zitternd den Kopf. Wir Katzen mögen freundliche Worte, wir brauchen Lob. Gut gemacht, Linda. So gehört sich das. Volle Punktzahl!

Ich schlage kurz mit dem Schwanz, als ich merke, dass Lola die Augen verdreht. Katzen spüren Abneigung sofort, wir können sie riechen. Aber wenn du Ärger haben willst, Nasenring-Lola, kein Problem!

Finn legt sich bäuchlings neben mich auf den Boden.

»Ich heiße Finn und finde es supertoll, dass wir endlich ein Haustier haben.« Er sieht zu seiner Schwester. »Auch wenn du Lola gehörst. Ich mag dich, Miri.«

Alte Spitzmaus, der Kerl hat so eine sanfte Stimme, da werde ich gleich … aber dieser Name. Miri. Das geht einfach gar nicht. Und überhaupt: Ich. Mag. Keine. Kinder.

»Du kannst sie haben. Ich finde Mirella-Mirabella-Mortadella sowieso doof«, meint Lola pampig. »Ich will doch keine steinalte Katze. Alter, ich wollte ein Baby!«

»Lola!« Linda ist aufgesprungen und sieht ihre Tochter streng an. »Rede mal normal und beherrsch dich. Die Katze ist noch keine Stunde bei uns, und du motzt nur rum. Jetzt ist mal gut.«

»Ja, ich finde sie auch gut.« Oma Lisbet lächelt in die Runde, als hätte Lola gerade etwas besonders Reizendes gesagt. »Die Katze gefällt mir. Früher hatten wir immer Katzen. Unser ganzer Bauernhof war voller Tiere. Wenn ich traurig war oder mich einsam gefühlt habe, habe ich immer ein Tier gestreichelt. Am liebsten meine Katze. Kinder sollten ein Haustier haben.«

Ich kann gar nicht reagieren, so schnell hat mich Oma Lisbet mit ihren dürren Ärmchen gepackt und hievt mich auf ihren Schoß, während sie sich rücklings ins Sofa fallen lässt.

»Jetzt komm mal her, Marbella.«

»Omi.« Lola stampft erst genervt auf den Boden, dann muss sie aber doch grinsen. »Das hab ja sogar ich kapiert, dass sie nicht nach einer Stadt in Spanien benannt ist. Alter Falter, deine Schwerhörigkeit macht mich noch wahnsinnig. Kannst du dir nicht ein Mal was merken?«

Linda seufzt. »Entschuldige, Mirella«, mit einem Kopfnicken zeigt sie auf Oma Lisbet, »es ist ein bisschen cha-

otisch bei uns. Gewöhn dich also lieber gleich dran, dass
es in der Familie Pfeffer ein bisschen wilder zugeht als in
anderen Familien.«

Wie, wo, was denn? Leider kann ich mich gar nicht
mehr auf Lindas Worte konzentrieren. Da liege ich nämlich längst auf den Oberschenkeln von Oma Lisbet und
werde hingebungsvoll gestreichelt. Und zwar besser als
vom Katzenmasseur. Donnerwetter, das hätte ich ihr gar
nicht zugetraut. Nicht aufhören!

»Willkommen bei den Pfeffers«, sagt Linda noch. Aber
das bekomme ich gar nicht mehr so richtig mit.

Ich genieße und schweige.

Der fünfte Bissen:
Einbrecher statt Frühstück

Ich soll in einem alten Katzenkörbchen schlafen, ausgelegt mit einem kratzigen Schaffell. Das ist doch nicht deren Ernst? So kann man nicht mit mir umgehen. Immerhin bin ich Mirella von Koschka, eine reinrassige Birmakatze und selbstverständlich anderes gewöhnt: Auf meinem weichen Katzensofa im alten Zuhause schlief ich immer wie auf Wolken! Bis vor wenigen Minuten stand das Körbchen zumindest noch unter dem Tannenbaum im angenehm temperierten Wohnzimmer. Aber gerade zerrt Nasenring-Lola es vor meinen Augen in den Hausflur. Die Katzengötter haben sich gegen mich verschworen, ich werde schon wieder rausgeschmissen!

Mau-miau. Mauuuunz!

»Das ist mir jetzt echt too much, wenn die Katze gleich unser Wohnzimmer belegt«, motzt Lola und rümpft die Nase. »Da will ich meine Ruhe haben. Wenigstens dann, wenn ich noch einen Film schaue. Es ist schon krass, dass ab übermorgen diese Kinder hier rumrennen und mit Oma fürs Krippenspiel üben. Von wegen ruhige Weihnachtszeit.«

Wie bitte? Noch mehr Kinder? Na, das kann ja heiter werden. *Miahuuuuuu!*

Da ist zu viel für mein Katzenherz, das überlebe ich nicht. Adieu, schöne Welt. Ich strecke mich lang auf dem

Teppichboden aus und hoffe, dass ich umgehend in den Katzenhimmel aufgenommen werde. Aber – Fehlanzeige.

Aus den Augenwinkeln beobachte ich, wie Linda und Paul mir zusehen. Sie werfen sich einen verschwörerischen Blick zu und zucken mit den Schultern.

»Vielleicht hat Lola recht«, bestätigt Paul. »Zu viel Katze auf einmal ist für den Anfang ... einfach zu viel.«

»Okay, wenn ihr meint.« Aus schmalen Augen sehe ich vom Wohnzimmerteppich aus zu, wie Linda mein Körbchen vorsichtig in eine Ecke im Hausflur schiebt. Hinter die Garderobe, sodass ich nicht so ganz auf dem Präsentierteller liege. »Ein bisschen kuschelig soll es Mirella schon haben. Sonst kriegt sie ja die Krise bei dem Verkehr, der bei uns herrscht.«

Das klingt ... nicht gut. Gar nicht. Das hört sich nach viel Besuch, vielen Menschen, viel Geschrei an. *Maunz!*

Wirklich, Beatrice, das verzeihe ich dir nie, dass du mich auf meine alten Tage noch zu dieser wild gewordenen Familie gibst. Während du dich auf dem Deck eines Kreuzfahrtschiffs sonnst und einen Cocktail schlürfst. *Grrrr!*

»Ich find's schade, dass die Katze im Hausgang schläft. Warum kann Miri nicht in meinem Bett schlafen? Oder wenigstens in meinem Zimmer?«, will Finn wissen. Er sieht zur Haustür, zu meinem Körbchen, wieder zur Haustür. »Aber ... hm ... andererseits kann sie dann gleich jeden Einbrecher verscheuchen. Ich glaube nämlich, dass sich schon eine Weile jemand in unserem Garten rumtreibt. Den könnte Miri doch verjagen.«

»Mann, Finn.« Lola verdreht die Augen. »Eine Katze ist kein Hund.«

Allerdings! An dieser Stelle muss ich ihr ausnahmsweise recht geben. Eine Katze ist stilvoller, schlauer, gebildeter und selbstbewusster als ein Hund. Sie lässt sich weder herumkommandieren noch – zumindest nicht viele von uns – an die Leine nehmen. Und sie hat ihren eigenen Willen. *Miahuuu!* Und zu meinem eigenen Willen gehört auch, dass ich ganz und gar nicht bereit bin, hinter Einbrechern herzulaufen. Denen will ich erst gar nicht begegnen. Bloß nicht! Wieso gibt es hier überhaupt welche? Das Haus sieht nicht gerade so aus, als gäbe es hier etwas zu holen. Allerdings bin ich inzwischen sogar der Ansicht, dass es gar nicht schlecht ist, wenn ich nicht direkt unter dem duftenden Tannenbaum schlafe. Ich würde ungern ständig von Lolas Fernsehfilmen geweckt werden. Wer weiß, was sich das Mädchen abends so ansieht? Sicher nicht die Art Bildungsfernsehen, die ich immer mit Beatrice geschaut habe.

Müde schleiche ich in den Flur und rolle mich in meinem Körbchen hinter der Garderobe zusammen. Ein Mantel hängt sogar so tief herunter, dass ich mich dahinter verstecken kann. Wunderbar. So bin ich weit weg, und das ist auch gut. So kann mich weder ein Mitglied der Familie Pfeffer noch ein möglicher Einbrecher sehen. Die beste Tarnung der Welt!

Als ich aufwache, schickt die Sonne ein paar warme Strahlen ins Wohnzimmer und weiter zu mir, in den Hauseingang. Glücklicherweise ist mir die Pfeffer-Familie die ganze Nacht über nicht auf den Pelz gerückt. Nach der Vorstellungsrunde haben sie mich in Ruhe gelassen. Auch von einem möglichen Einbrecher habe ich nichts mitgekriegt. Dafür hat mich mein Magen beschäftigt. Das Futter am Abend war ganz und gar nicht angemessen, derart

billige Nahrung bin ich einfach nicht gewohnt. Schlabbriges Dosenfleisch, aber ich hatte so einen Hunger. Da kann man nicht wählerisch sein. Leider.

Insgesamt hatte ich mir die erste Nacht in der neuen

Umgebung aber wesentlich schlimmer vorgestellt. Nur ein Mal bin ich aufgewacht, als Linda und Paul das Haus verlassen haben. Wie auf Katzenpfoten haben sie sich im Morgengrauen davongeschlichen. Ob sie zur Mäusejagd gehen?

Die Sonne wärmt mir das Fell, ich rekele und strecke mich, mache ein paar Katzenbuckel und spreize die Krallen. Frühsport.

Mahuuunz! Kann mal jemand die Tür oder ein Fenster aufmachen? Frische Luft macht munter, sonst werde ich nicht fit. Ich dehne mich noch einmal ausgiebig und mache mich auf zu einem kleinen Rundgang. Den Flur entlang ins Wohnzimmer, dann eine Runde rund um den Tannenbaum. Und ein Blick zum Fenster raus. Hmm, gar nicht mal schlecht. Die Familie hat einen Garten mit Wiese, Büschen und Bäumen. Also ... nicht, dass ich das unbedingt bräuchte. Ich bin ja eher der Typ Stubentiger. Bei Beatrice durfte ich ab und zu auf den Balkon, frische Luft schnappen. Da gab es aber auch keinen Dreck, der an meinen zarten Pfötchen hängen geblieben ist. Und keine Vögel mit ihrem ewigen Gepiepe. Wenn Vogel, dann zart gedünstet und mit einem Hauch Petersilie. *Prrr!*

Oh, in Deckung, da schleicht einer durch den Garten! Ein großer, breiter Mann mit vielen Haaren im Gesicht, einer dicken Jacke und Gummistiefeln. Er hat auch ein Gerät an einem Stiel in der Hand. Und jetzt ... oh, schnell abtauchen und unsichtbar machen ... jetzt glotzt er auch

41

noch zum Terrassenfenster hinein. Der Typ hat vielleicht Nerven. Aber so was trauen sich nur völlig ausgebuffte Einbrecher. Was das für fiese Gestalten sind, weiß ich bestens von den Filmabenden mit Beatrice. Ihre Lieblingsfilme waren die mit dem glatt geleckten Schnösel James Bond. Was für ein Angeber! Aber immerhin habe ich beim Zusehen einiges über fiese Verbrechermethoden, über coole Autos, Agenten, über Gold, Geld und Diamanten gelernt. Vor allem in diesem einen Film ... *Mauuu!* ... Wie hieß der noch mal gleich? Genau: *Diamantenfieber.* Auf jeden Fall macht mir bei finsteren Gestalten keiner was vor! Wobei ... der Kerl könnte auch gar kein Einbrecher, sondern ein Katzendieb sein? *Mahuuuunz!* Also, der Nikolaus ist er auf jeden Fall nicht. Mit einem Satz springe ich vom Fensterbrett und rase in den Flur. *Miaaaauuuu!*

Aufwachen, Familie Pfeffer!

»Miri? Ist was?« Finn schlurft im Schlafanzug die Treppe hinunter. »Oh, du hast bestimmt Hunger, das hatte ich ganz vergessen. Entschuldige bitte. Aber vorher muss ich mir noch was anziehen.«

Aber ganz sicher nicht, Junge. Für solche Nebensächlichkeiten wie Kleidung ist jetzt absolut keine Zeit. Alarm! Ein Einbrecher oder Katzendieb oder noch Schlimmeres schleicht im Garten herum. Um Finn den Ernst der Lage zu beweisen, wälze ich mich erst auf dem Boden und flitze dann ins Wohnzimmer und mit einem Sprung auf das Fensterbrett. Als ich hinausschaue, ist ... keiner mehr da.

»Alles klar mit dir, Miri?«, erkundigt sich Finn. »Wenn du rauswillst ... das ist noch zu früh, hat Mama gesagt. Du sollst dich erst mal ans Haus gewöhnen. Aber in ein paar Tagen können wir zusammen den Garten unsicher machen.«

Finn reibt sich unternehmungslustig die Hände, ich verdrehe die Augen. Also ... ja ... klar, wenn du unbedingt gehen willst, ich halte dich nicht auf, denke ich noch. Auf keinen Fall werde ich vor Finn zu erkennen geben, dass ich ganz schön Schiss habe. Das fehlt noch!

»Oma kommt auch gleich«, plappert Finn munter weiter. »Später wollen wir den Christbaum schmücken.« Er

deutet auf die Tanne. »Da kannst du zusehen, wenn du magst.«

Noch einmal starre ich in den Garten, aber tatsächlich ist keiner mehr zu sehen. Ob ich mir das Ganze vielleicht nur eingebildet habe? Aber das mit dem Baum klingt ganz interessant, mal sehen, was sie vorhaben. In der Nacht habe ich die Tanne natürlich noch gründlich untersucht. Sie ist echt, aber die Nadeln schmecken scheußlich. Da lobe ich mir doch eine Portion weiches Katzengras. Bei Beatrice stand nie Gemüse im Weg, keine Blumentöpfe, ab und zu mal ein paar Blumen in einer Vase. Zur Weihnachtszeit hat sie einen Tannenzweig auf den Tisch gelegt. »Das reicht an Dekoration. Ich mag es schlicht und pur«, war das Motto von Beatrice. »Weihnachten kann ich sowieso nicht leiden.«

Aber das Drumherum schon! In den Tagen rund um das große Fest hat Beatrice sich statt ihrer Agentenfilme mit Vorliebe Liebesschnulzen angesehen, bei denen sich ein Mann und eine Frau Berge von Päckchen geschenkt haben. Und nachdem Beatrice sich vor lauter Rührung ausgeheult hatte, sind wir zusammen zum Weihnachtsessen in ein schickes Restaurant gefahren. Dann wurde Pute serviert. *Miau!* Für Beatrice mit Klößen, für mich nur Fleisch.

Wohin ist Finn denn auf einmal verschwunden, er wollte mir doch Frühstück machen? Keiner zu sehen, mein Napf ist auch leer. Also dann erst mal Katzenwäsche, später ein paar feine Häppchen.

Hoffentlich. Wer weiß, ob sich nicht schon dieser Kerl aus dem Garten darüber hergemacht hat ... aber ... halt, Mirella! Es gibt keine Einbrecher. Zumindest nicht in diesem Haus. Gibt es nicht, gibt es nicht, gibt es ... Miauuu! ... vielleicht doch??

Der sechste Bissen:
Ein Topf voll Erde

Am Reinlichkeitssinn von uns Katzen kann sich so mancher Mensch ein Beispiel nehmen. Wir putzen uns nicht einfach, weil wir schmutzig sind. Nein, wenn wir uns ablecken, dann ist das auch so was wie Körper-Staubsaugen. Mit unserer klebrigen Zunge erwischen wir beim Schlecken alle losen Härchen im Fell und nebenbei auch jedes noch so kleine Viehzeug. Insekten, Parasiten, Flöhe – weg damit! Ich persönlich würde sogar so weit gehen zu sagen, dass ich fast ein Drittel meines Katzenlebens mit Schönheitspflege verbringe.

Miau – miau – miau!

So, fertig. Vielleicht sollte ich nun nach dem Säubern meines dichten Fells eine Portion Blumenerde fressen? Auf dem Fensterbrett stehen genug Töpfe mit dem Kram. Entschlossen hüpfe ich aufs Fensterbrett, natürlich nicht, ohne zunächst die Lage zu sondieren. Aber dieses Mal drückt sich kein Fremdling die Nase an der Scheibe platt. Pfff! Glück gehabt. Miaaaau! In meinem Bauch ballt sich gerade ein großer Haarklumpen vom letzten Putzen zusammen, ich muss wieder was loswerden. Dringend. Wenn es hier kein Futter und auch kein Katzengras wie bei meiner Beatrice gibt, das mir beim Verdauen hilft, bleibt mir gar nichts anderes übrig. Dann werde ich eben da mal vorsichtig naschen und ...

»Halt, Mirinda!« Oma Lisbet erscheint auf einmal neben mir wie ein Geist. Wie macht sie das nur? »Blumenerde ist nichts für deinen zarten Magen. Ich besorge nachher ein bisschen Katzengras für dich.«

Mit ihren knochigen Händen tätschelt sie mir so lange und so heftig den Kopf, dass mir ganz schwummrig wird. Hilfe! Rette sich, wer kann. Ein beherzter Satz unters Sofa – geschafft. Jetzt erst mal tief durchatmen und in Ruhe nachdenken, wie es weitergehen kann. Auf jeden Fall nicht mit dieser Art Zärtlichkeit, sonst bin ich in ein paar Minuten Katzenmatsche. Lästige Laus, was läuft bei alten Menschen eigentlich falsch? Sie übertreiben es immer. Auch mit den Namen. Mirinda. Was soll ich dazu noch sagen? Oma Lisbet ist nicht mehr ganz zurechnungsfähig, wer weiß, wie viele Jahre sie schon auf dem Buckel hat.

»Miez, miez, miez, komm her zu mir.« Das ist Finn. Vorsichtig robbe ich wieder unter dem Sofa hervor. Mal sehen, ob ich jetzt endlich was zu futtern bekomme. Finn ist fix und fertig angezogen und strahlt mich an.

»Jetzt kann's losgehen, Miri.«

Krrrr! Mirinda ist schon schlimm, aber Miri ist entsetzlich.

Lass das, Finn, aber auf der Stelle – möchte ich ihm am liebsten sagen. Stattdessen schlüpfe ich einfach unter der Hand durch, mit der er mich streicheln will. Sorry, aber lern erst mal meinen Namen. So wird das nichts mit uns beiden.

»Sie mag mich nicht, Oma«, sagt Finn geknickt.

Oma Lisbet lacht und versucht, mich am Schwanz festzuhalten. Glücklicherweise ohne Erfolg.

Finn gurrt und gluckst. »Miri-Miri-Miri!«

Geht's noch? Ich bin doch kein Papagei. Wenn nur mein Magen nicht so verflixt laut knurren würde. *Grrr!*

Hätte ich doch nur die Blumenerde gefuttert. Besser als nichts.

»Jetzt lass Marina einfach in Ruhe und beachte sie gar nicht mehr«, schlägt Oma Lisbet vor.

Guter Plan. Lasst mich einfach in Ruhe, bitte. Und Marina auch. Fette Fliege, ich werde noch verrückt. Wenn's nach mir ginge, wäre ich sowieso nicht hier. Oder längst wieder weg.

»Warum kann sie mich nicht leiden?«, will Finn wissen. »Ich habe ihr nichts getan. Ich kümmere mich doch sogar um Miri.«

»Das gibt sich schon wieder«, flötet Oma Lisbet. »Weißt du was, mein Junge, wir schmücken jetzt den Weihnachtsbaum zusammen. Das findet Miraculi sicher auch spannend«

Mira…? Ich glaube, ich gebe es auf. Zumindest bei Oma Lisbet. Eine wirklich harte Nuss, aber eben schon ziemlich alt. Das merke ich am Katzenbuckel, den sie immer macht. Junge und kleine Menschen gehen ganz gerade, nicht so gebogen. Auf ältere Katzen sollte man Rücksicht nehmen, das hat mir mein Vater beigebracht – ganz feiner Katzenadel übrigens. Ältere Katzen hatten bei uns in der Familie immer eine besondere Stellung. Meine Mutter beispielsweise oder die Mutter meiner Mutter. Die waren alle bei dem Züchter, bei dem ich geboren wurde. Je älter die Katze, desto wertvoller, hieß es immer. Vielleicht ist das bei Oma Lisbet auch so, deshalb drücke ich bei den Namen, die sie mir gibt, mal ein Katzenauge zu. Aber Finn ... also, wenn der mich nicht bald Mirella von Koschka nennt, dann werde ich aber ungemütlich.

»Okay, ich hole die Kugeln und den Baumschmuck«, schlägt Finn vor. »An die Männchen habe ich schon Fäden gebunden, die könnten wir schon aufhängen.«

»Wunderbar.« Oma Lisbet überlegt. »Herrje, da fällt mir ein, dass ich unten in meinem Schrank noch eine Holzkiste mit Kugeln habe, die ... mindestens von meiner Urgroßmutter stammen. Die hatte ich ganz vergessen.«

»Okay, dann gebe ich der Katze etwas zu fressen«, meint Finn.

»Tu das, Liebchen.« Oma Lisbet dreht an ihrem Hörgerät. »Geh fein mit Finn, Mozzarella. Jetzt gibt es Fressi für dich.«

Fressen! Mein Stichwort. Endlich! Mein Magen hängt schon unten an meinen Pfoten. Ich trotte brav hinter Oma Lisbet her. Miri-Marina, Mozzarella-Marbella, Miraculi-Mirella. Wer bin ich und wie viele? So langsam weiß ich selbst nicht mehr, wie ich heiße. *Mauuuunz!* In meinem Katzenhirn herrscht totale Leere ... oder ist das mein Magen?

Eine Weile später liege ich satt und entspannt auf dem

Teppichboden. Direkt vor dem Sofa – man kann ja nie wissen, wie schnell ich mich wieder darunter verstecken muss. Aber Oma Lisbet und Finn haben sich fest vorgenommen, mich nicht zu beachten. Gut so. Ich sollte nämlich noch ein bisschen verdauen. Okay, dieses Dosenfutter ist gewöhnungsbedürftig, aber immer noch besser als Mäusejagen. Das fand ich schon immer ziemlich anstrengend. Eine schmuddelige Angelegenheit, nichts für vornehme Katzen wie mich. Meine Augen sind nur noch Schlitze, gerade will ich wegdösen, da blendet mich ein Licht. *Miaaaau!* Was ist das? Finn hat eine Kugel in der Hand. Sie baumelt an einem Metallanhänger und leuchtet und glänzt so hell, dass ich mich darin spiegeln kann. Ein

paar Glitzersteine sind daraufgeklebt. Das gefällt mir, mit der will ich spielen. Komm, roll sie zu mir rüber, maunze ich Finn zu. *Mauuuuu!*

»Was ist, Miri?« Er hat zumindest gemerkt, dass ich auf mich aufmerksam machen will. Vorsichtig legt er den glänzenden Baumschmuck auf den Teppichboden. »Gefällt dir die glitzernde Christbaumkugel?«

Pfff. Was soll ich dazu sagen? Großes Fragezeichen. Da muss ich erst mal näher kommen und mir das Ding genau ansehen. Wird wohl eine Kugel sein wie alle anderen auch. Glänzend, aus Glas und … heiliger Katzendreck! Ich muss wirklich zwei Mal hinsehen, drei Mal sogar: Die Kugel ist mit echtem Gold überzogen! Das erkenne ich mit einem Blick, denn Beatrice hat mit Vorliebe ihren riesigen Schmuckkasten immer wieder auf dem Sofa ausgeschüttet. Und sie hat mir genau gezeigt, dass man die Karat, also die Wertigkeit des Goldes, an diesen kleinen Zahlen ablesen kann. Okay, ich kann nicht lesen, immerhin bin ich eine Katze. Aber die Zahl, die auf der Kugel steht, habe ich bei Beatrice schon ganz oft gesehen. Und ich weiß, was sie bedeutet: echtes Gold! Und wenn ihr mich fragt, dann sind auch die aufgeklebten Glitzerdinger auf der Kugel kein Billigkram, sondern … Schnappatmung! – Diamanten. Zumindest sahen die in der Schmuckschatulle von Beatrice haargenau so aus! Und in diesem wilden Agentenfilm, den ich mit meinem Frauchen so oft gesehen habe, dass ich mitsprechen kann, wenn ich denn sprechen könnte, ging es auch nur darum: um Diamanten.

Finn hat die Kugel wieder hochgehoben und lässt sie von einer Hand in die andere gleiten. Hin und her. Her und hin. Hin und her. Her und hin. Hin und her. Her und … Junge, Junge, denke ich noch, lass das Ding bloß nicht fallen. Leg sie einfach wieder schön zurück oder … Alter Falter, weiß der Junge eigentlich, wie wertvoll diese Kugel ist? Und Oma Lisbet? Vielleicht ahnen sie gar nicht, dass die Kugel echt ist? Fragen über Fragen. Eindeutig zu viele für mein zartes Katzenhirn.

»Wenn du willst, hänge ich die Glitzerkugel ganz nach unten«, schlägt Finn vor, »dann kannst du sie immer anschauen.«

Finn befestigt das Schmuckstück an einem der untersten Zweige. Danach packt er mich einfach und beginnt mich zu streicheln. Ohne zu fragen! Ich überlege gerade noch, wie ich ihm das mit der Kugel irgendwie mitteilen kann. Und ob ich einfach mal kräftig zuschnappen sollte, damit er mich in Ruhe lässt. Oder ihm meine Krallen zeigen soll. Doch mitten in der Überlegungsphase läuft ein wohliger Schauer durch meinen Körper. Finns Hände sind nicht so knochig wie die von Oma Lisbet. Auch nicht so spröde und trocken wie die von Beatrice. Finns Hände sind weich und zart und warm. Donnerwetter, Mirella, jetzt ist aber gut. Du wirst dich doch nicht etwa an den kleinen Kerl gewöhnen? Oder könnte das etwa tatsächlich der zaghafte Beginn einer echten Freundschaft sein?

Der siebte Bissen ...

... riecht nach Schokolade

Ich weiß nicht, wie lange Finn und Oma Lisbet schon an dem Baum herumfriemeln. Draußen ist es längst dunkel, ich habe wohl den halben Tag geschlafen. Kein Wunder, wenn man von einem ruhigen Zuhause in einen Chaotenhaushalt verfrachtet wird. Das ermattet jede ruhebedürftige Katze. *Miaauuuu!*

Finns Eltern haben sich den ganzen Tag über nicht blicken lassen, oder ich habe sie einfach nicht bemerkt. Aber der Junge hat mir erzählt, dass sie viel arbeiten. Weil sie nämlich das Haus hier abbezahlen müssen. Ich kann mir vorstellen, dass Beatrice das mit einem Monatsgehalt geschafft hätte. Sie hat mir nämlich ziemlich oft vorgerechnet, was *sie* verdient und dass sie eigentlich längst das Spitzengehalt bekommen müsste, das ihr blöder, völlig überbezahlter Chef bekommt. Aber zurück zu Finn. Für den ist es sicher ganz gut so, dass Oma Lisbet im Haus wohnt. Die beiden scheinen sich super zu verstehen. Ganz im Gegenteil zu seiner Schwester Lola.

Als ich gerade die Augen aufmache, kommt Lola vorbei, sieht sich die Tanne mit eisiger Miene an, verschränkt die Arme und bleibt davor stehen: »Oh Mann, jedes Jahr der gleiche Baum, jedes Jahr die gleichen Plätzchen. Wie öde.« Sie bückt sich nach unten und dreht die wertvolle Kugel in ihren Händen. »Wobei ...

diese hier ist neu. Die sieht mal echt schön aus. Wow, wenn die echt wäre ...«

Oma Lisbet kichert. »Lolakind, woher soll meine Großmutter denn Geld gehabt haben? Eine echte Goldkugel. Womöglich noch mit Diamanten dran, was?«

Maaaaauuunz! Ja, genau, Oma Lisbet. Sieh dir die Kugel doch genauer an. Ich rase auf das Glitzerding zu und stupse mit der Pfote dagegen. Hallo? Das ist Gold, echtes Gold!

»Stimmt, Omi, in unserer Verwandtschaft könnte sich keiner so was leisten. Eine echte Loser-Family.« Lola stöhnt. »Kannst ruhig damit spielen, Katze. Ist wahrscheinlich so ein Ding aus dem Ein-Euro-Laden. Aber wenigstens cool gemacht. Also, Leute, insgesamt will ich aber mal einen anderen Tannenbaum. Ich hab schon

beim letzten Weihnachtsfest gesagt, dass ich mir was Verrücktes, voll Krasses wünsche. Der Baum hier ist wieder so uncool. Kann es an Weihnachten nicht mal was Ungewöhnliches geben?!«

»Warte doch einfach ab«, gibt Oma Lisbet zurück. »Wir sind doch noch gar nicht ganz fertig. Und nur rummeckern gilt nicht. Wenn du etwas ganz Ungewöhnliches haben willst, dann musst du selbst dafür sorgen.«

Lola legt den Kopf schief und überlegt. Ich kann ihr ansehen, wie die Gedanken durch ihr Hirn rasen, sausen und flitzen. Na, auf das Ergebnis bin ich gespannt.

»Zwei Dinge muss ich noch loswerden«, erklärt sie nach ein paar Minuten. »Erstens: Gibt es hier irgendwann was zwischen die Kiemen, oder essen wir heute zur Abwechslung Lametta zum Abendbrot? Und das Zweite: Wenn ihr gleich wieder diese ollen Weihnachtslieder trällert, krieg ich die Krise.« Damit macht sie auf dem Absatz kehrt und verschwindet wieder.

Bämm! Was für ein Auftritt. Aber … wenn ich es richtig beobachtet habe, haben Lolas Augen bei ihren coolen Sprüchen merkwürdig geglänzt. Wir Katzen kennen uns da aus, die Augen sind bei uns total wichtig. Eigentlich können wir alles über den Blick mitteilen: Angst, Unsicherheit, Zorn oder Liebe. Bei Lola war es so eine Mischung aus allem, vor allem aber lagen in ihrem Blick jede Menge Zweifel. Ob sie vielleicht nur so cool tut, aber eigentlich am liebsten beim Baumschmücken mitmachen würde? Oder ob sie den wahren Wert der Kugel erkannt hat und uns alle ein bisschen an der Nase herumführen will? Doch da kann ich mich auch täuschen. *Miauuuu!*

Zurück zur Tanne. Ich hätte nie gedacht, dass so viel Arbeit in diesen Schmuckbäumen steckt. Bei Beatrice habe ich das nie erlebt. Wenn wir in der Weihnachtszeit zusammen ausgegangen sind, standen diese Bäume immer schon fix und fertig da. In den Nobelhotels, die Beatrice gern besucht hat, waren sie auch viel, viel größer. Allerdings baumelte weniger dran als an diesem Baum. Und mit Sicherheit ein paar wertvollere Teile. Finn und seine Oma hängen immer noch mehr kitschige Engelchen, Glöckchen, karierte Teddybären und anderen Kleinkram hinein. Nimmt das irgendwann ein Ende? Geschmackvoll ist das meiner Meinung nach ja nicht wirklich, mein Frauchen hatte da definitiv einen besseren Sinn für Dekoration. Aber was will man von einer Familie erwarten, die noch nicht mal den Wert einer Sache erkennt, selbst wenn sie ihr vor der Nase herumbaumelt. *Prrrr.*

Auf jeden Fall lassen sich Finn und Oma Lisbet auch von Lola nicht ärgern. Sie haben Spaß an der Sache, lachen die ganze Zeit, Oma Lisbet trällert extralaut die gleichen Weihnachtslieder, die ich aus dem Radio von Beatrice kenne: *Ihr Kinderlein kommet* und *O Tannenbaum, o Tannenbaum.*

Da bekomme ich erst Ohrensausen oder werde hoffentlich ganz schnell schläfrig und ... *gäääähn.*

»Fröhöhliche Weihnacht üüüüberall«, quietscht Finn auf einmal. Und zwar direkt neben meinem Ohr. *Krrrr!*

»Was sagst du, Miri, schön geworden, oder?«

Ich habe fast den Eindruck, dass Finn endlich kapiert hat, dass ich nicht auf einmal losplappern kann. Er wartet nämlich gar nicht auf eine Antwort, sondern wendet sich gleich wieder seiner Oma zu. Gut so. Da kann der Junge auch lange warten, denn diese komischen Menschensachen wie Daumen-hoch oder Sich-gegenseitig-auf-die-Hände-klatschen beherrschen wir Katzen nun mal nicht. So albern würden wir uns sowieso nicht verhalten!

»Gute Idee, Oma, dass wir die Lichterkette zuerst in den Baum gefummelt haben. Das hätten wir jetzt nicht mehr so hingekriegt. Kann ich das Licht einschalten?«, will Finn wissen. »Mal zur Probe?«

»Aber natürlich«, antwortet Oma Lisbet. »Wir müssen doch sehen, wie unser Baum hell erleuchtet aussieht.«

Finn rennt zu einem Kabel und presst einen Stecker hinein. Ich folge klammheimlich, ich will ja sehen, was passiert.

»Jetzt kann Weihnachten kommen.« Oma Lisbet betrachtet den leuchtenden Baum und drückt Finn an sich.

Ich muss zugeben, in der Dunkelheit sieht das wirklich ganz hübsch aus. Also ... nicht elegant oder schick, aber ... ganz nett. Relativ okay. Beinahe hübsch. Und die Kugel ist natürlich sensationell.

»Gerade rechtzeitig fertig geworden, bevor morgen die Kinder fürs Krippenspiel kommen«, stellt Finn fest. »Da wird Miri aber gucken, was hier los ist. Und ich werde ein Schaf!«

Oma Lisbet stöhnt. »War das eine Arbeit! Jetzt haben wir uns ein paar dicke Wurstbrote verdient. Aber vorher muss ich hier mal ordentlich durchpusten, die Luft steht.«

Energisch öffnet sie die Terrassentür. Kalter Winterwind wirbelt herein. Ich halte die Schnauze in den Luftzug und lasse mir das Fell lüften. Ah, das tut gut.

»Morgen darfst du auch raus, Miri«, meint Finn. »Pass bloß auf, ist ganz schön kalt. Aber du hast ja ein dickes Fell, dir macht das ja sicher nichts aus.«

Na ja ... Wenn ich ehrlich bin, habe ich es gern kuschelig. Am liebsten bin ich auf den Balkon von Beatrice gegangen, wenn es Frühling war. Weiche, lauwarme Luft und ein angenehm warmer Boden. Ich kann es kaum erwarten, dass Oma Lisbet die Tür wieder schließt. Es gibt auch hier genug zu sehen, ich muss gar nicht nach draußen. *Brrr!* Aber die Dame scheint eine Frischluftfanatikerin zu sein.

Finns Bemerkung mit den Kindern, die morgen erwartet werden, ignoriere ich einfach mal, sonst dreht sich mir gleich der Magen um. Eine andere Frage beschäftigt mich viel mehr: Wie kann ich Finn oder Oma Lisbet klarmachen, dass die Kugel richtig Asche kostet. Also ... viel Geld wert ist, wollte ich sagen. Ranziger Hering, so langsam denke ich sogar wie die Mitglieder dieser verrückten Familie Pfeffer. Warum verliere ich hier Anstand und

Würde? Und warum will Finn sich freiwillig in ein Schaf verwandeln? Ist das eine aufwendige Operation? Wenn es nach mir geht, würde ich mich nie freiwillig unters Messer legen. Ich musste schon zwei Mal zum Tierarzt. Einmal mit einer ziemlich unangenehmen Operation am Unterleib. Seitdem kann ich keine Katzenbabys mehr bekommen. Beim zweiten Mal hatte ich etwas Komisches gefuttert und deswegen einen Schlauch in meinen Katzenpo bekommen. Auch nicht wirklich angenehm. Also, warum will ein Mensch zum Schaf werden? Das geht mir einfach nicht in meinen Katzenschädel. *Mauuuuunz!*

Um mich abzulenken, schnappe ich mir flugs diesen feinen Keks aus dem geschmückten Baum. *Mauuunz ...* das ist besser als Dosenfutter. Viel besser. Eigentlich mag ich gar nichts Süßes, aber heute mache ich mal eine Ausnahme. Das Loch in meinem Magen ist einfach zu groß. Genüsslich schlecke ich meine Pfoten ab, zwischen den Krallen klebt immer noch Schokolade.

»Hab ich dich erwischt! Melinda, hast du etwa ein Plätzchen vom Baum geklaut? Katzen dürfen keine Schokolade fressen, das ist viel zu gefährlich.«

Oma Lisbet steht auf einmal neben mir, beugt sich herunter und wedelt mit ihrem Zeigefinger vor meiner empfindlichen Schnauze hin und her. Ich spiele die Unschuldige, schnurre und streiche um ihre Beine herum. Leider ein großer Fehler, denn so sieht Oma Lisbet den Faden, an dem der Keks befestigt war. Mit ihren spitzen Fingern hat sie ihn blitzschnell aufgehoben.

»Habe ich es mir doch gedacht. Hier sind die Überreste von einem Schokoladenplätzchen. Untersteh dich, du freche Katze. Wenn du noch mal den Weihnachtsbaumschmuck auffrisst, bin ich wirklich beleidigt.«

»Aber wir haben doch noch genug in der Küche«, mischt sich Finn ein. Er beugt sich zu mir und neigt den Kopf. »Ich habe mit Oma drei große Bleche gebacken. Du kannst welche haben, wenn du unseren Baum in Ruhe lässt. Sonst muss ich wieder alle Plätzchen auffädeln, das war viel Arbeit.«

Oma Lisbet schüttelt streng den Kopf. »Keine Plätzchen und keine Schokolade, Finn, versprich mir das. Katzen haben keinen Sinn für Süßes, das vertragen sie nicht. Wenn du ihr etwas Gutes tun willst, dann nimm ordentliches Katzenfutter.«

»Na gut. Umso besser.« Finn grinst. »Keine Schokolade

für die Katze, dafür umso mehr für mich. Das verstehst du doch, Miri, oder?«

Nein, das versteht Miri nicht. Weil Miri nämlich Mirella heißt, du Pappnase. Wobei … tut mir leid, das war jetzt nicht wirklich vornehm. Also die Pappnase. Eigentlich war das nämlich ganz süß, was Finn da gerade gesagt hat. Er will seine Schokoladenplätzchen mit mir teilen. *Mmmmmiau!*

Ich will mich mal für ein paar Minuten von meiner besten Seite zeigen. Aber wirklich nur kurz.

Schnurrend und mit hoch erhobenem Schwanz folge ich Finn und seiner Oma in die Küche. Am Ende wird es dann doch nichts Süßes, sondern ein feines Thunfischragout für mich, Wurst- und Käsebrote für Finn und Oma Lisbet. Sogar Lola kommt für eine Weile in die Küche, und ich beobachte die drei beim Kartenspielen. Mausmäßig langweilig, deshalb schleiche ich noch einmal ins Wohnzimmer. Paul sitzt vor dem Fernseher, Linda liegt auf dem Sofa und schläft. Komisch, ich habe gar nicht bemerkt, dass sie nach Hause gekommen sind. Aber von den beiden bekomme ich sowieso kaum etwas mit. *Miau!*

Keiner beachtet mich. Gut so, denn nun kann ich ganz in Ruhe vor der hübschen, glänzenden Kugel Platz nehmen. Ich stupse sie ein paarmal mit der Pfote an. Natürlich ganz vorsichtig, schließlich kenne *ich* ihren Wert. Der Tannenzweig wippt auf und ab, die Kugel blinkt und schimmert und dreht sich im Kreis. Vom vielen Hinschauen wird mir ganz schwummrig, aber das glänzende

Ding fasziniert mich. Wie es die Lichter des Christbaums widerspiegelt … und wie gut man dieses Gesicht darin erkennen kann, dieses … Gesicht??? Ich drehe mich abrupt zum Terrassenfenster und sehe gerade noch, wie eine Gestalt davonhuscht. Wosch! Mit einem Satz bin ich todesmutig auf der Fensterbank und sehe dem Eindringling hinterher, wie er in der Finsternis des Gartens verschwindet. Genau wie beim letzten Mal. Eine dunkle Gestalt, groß und breit, mit vielen Haaren im Gesicht, einer dicken Jacke und schweren Stiefeln.

Miaaauuuu! Hört mich denn keiner? Halloho! Paul, Linda – hier gibt es Einbrecher! Sie sind im Garten! Und demnächst schlagen sie die Scheibe ein und räumen das Haus aus. Und schnappen sich auch noch die Gold-Diamanten-Kugel. *Grrrr!* Doch Finns Eltern scheint das Ganze wenig zu interessieren. Sie sind beide vor dem Fernseher eingeschlafen.

Wie eine Bekloppte kratze ich mit meinen scharfen Krallen an der Scheibe. Finn, Oma Lisbet, von mir aus auch Lola … kommt doch endlich und seht, was ich gesehen habe. Bevor der Kerl ganz … Zu spät. Jetzt ist er komplett verschwunden, von der Dunkelheit verschluckt. *Maaaahuuuunz! Mau-miau! Mauuuunz!*

… ach, ich arme, verlassene, vernachlässigte, ungeliebte Katze. Kein Mensch hört mir zu!

Der achte Bissen:
Viel Stroh und wenig Geschmack

Riiiiiiiiiiiing! Rrrrrrrring!

Bitte, kann das mal jemand abstellen? Da fallen mir ja meine zarten Katzenohren ab. Ich will noch schlafen.

Rrrrrrrring!

Was ist das denn für ein schreckliches Geräusch? Laut und durchdringend. So ein Terror am frühen Mittag.

»Wer kann die Haustür aufmachen?«, höre ich Oma Lisbet brüllen. »Die Schafe und Hirten kommen.«

Rette sich, wer kann! In diesem Moment beneide ich Linda und Paul. Die sind längst bei der Arbeit und bekommen von diesem ganzen Chaos hier nichts mit. Aus den Augenwinkeln beobachte ich, wie Finn zur Tür saust und sie mit Schwung aufreißt.

»Kommt rein, Leute, Oma wartet schon.«

Sekunden später rumpeln, trampeln und poltern zwei Schafe und zwei kleine Hirten haarscharf an meinem Versteck vorbei. Komisch, die Schafe haben ein Fell, aber nur zwei Beine. Sehr ungewöhnlich. Und von den Hirten schleift der größere einen Strohballen hinter sich her, der sich langsam, Stängel für Stängel, auflöst. Eine Strohspur zieht sich bis ins Wohnzimmer. Bei meinem Züchter durften wir als Babykatzen im Stroh eines nahe gelegenen Bauernhofes liegen und dort spielen, daran kann ich mich noch dunkel erinnern. Ob wir das auch gefressen haben? Keine Ahnung. Das Zeug setzt sich auf jeden Fall überall fest, das weiß ich noch. Genau wie hier. Panierter Fußboden. Außerdem riecht es auf einmal nach Kuhstinker. Püh. Gehört das auch zu Weihnachten?

»Hallo, meine Lieben. Ihr seid wirklich pünktlich, das ist lobenswert«, höre ich die Stimme von Oma Lisbet. »Dann gibt es nachher auch für alle ein paar Plätzchen und warmen Kakao mit Schlagsahne.«

Schlagsahne? *Mmmmmiauuuu.* Her damit, Oma, mach schon, ab durch die Mitte! Ich hechte sofort aus meinem Körbchen, für Schlagsahne würde ich fast alles tun!

Unterwegs folge ich eine Weile der Strohspur. Die Stängel kleben an meinen Krallen, sobald ich die Tatzen daraufsetze. Misstrauisch schnuppere ich und überlege, ob das Zeug essbar ist. Beatrice hat immer gepredigt, dass man offen für alle Geschmacksrichtungen sein soll. Auch als Katze.

»Was der Bauer nicht kennt, frisst er nicht«, hat sie gesagt. »Wir machen das anders, Mirella, wir geben uns auch neuen Gaumenfreuden hin. Gerade solchen, die wir noch nicht kennen.«

Also ran an den Speck! Ich schnappe mir mit der Tatze einen Halm und beiße kräftig zu. Salzige Sardine, schmeckt das aber gesund. Mit solchem Futter werde ich bestimmt nicht zur Vegetarierin, dann lieber ein ordentliches Stück Fleisch. Hunger!

Nach einem kleinen Umweg in die Küche, wo leider nur eine Schüssel langweiliges Trockenfutter auf mich wartet,

pirsche ich ins Wohnzimmer, sehe zunächst mal nach, ob es meiner Kugel gut geht, und verschwinde dann. Und zwar direkt unters Sofa. Der optimale Platz. Von hier aus kann ich alles beobachten und auf meine Kugel aufpassen, aber keiner sieht mich. Die beiden Schafe und die Kinder stehen mit dem Rücken zu mir, nur Finn wirft mir einen kurzen Blick zu.

»Ich hoffe, ihr habt eure Texte gelernt. Malin und Dilara, ihr seid die Hirten und tretet als Erste auf.« Oma Lisbet räuspert sich. »Danach sprechen die Schafe.«

Sprechende Schafe? Habe ich das gerade richtig verstanden? Seit wann können Schafe sprechen? Na, da bin ich aber mal gespannt. Pfff. Das müssen ja wirklich unglaublich intelligente und begabte Tiere sein. Noch nicht mal ich, Mirella von Koschka, kann die Menschensprache. Warum dann ein blödes Schaf? Gespannt gleite ich ganz vorn an die Sofakante, damit ich auch alles gut beobachten kann. Dabei stelle ich mit Schrecken fest, dass sich ein Hirte am Christbaum zu schaffen macht. Und zwar genau an meiner Kugel. He du, lass das, die Kugel ist wahnsinnig teuer und gehört Oma Lisbet, und bestimmt weiß sie noch gar nicht, dass die echt ist und … überhaupt … Pfoten weg!

»Dilara, bitte lass den Christbaum in Ruhe«, erklärt Oma Lisbet. »Konzentriert euch auf das Krippenspiel.«

»Der sieht voll schön aus«, erklärt der Hirte, der in Wirklichkeit gar kein Hirte, sondern eine Hirtin ist, wie ich erst jetzt bemerke. »Wir haben zu Hause gar keinen

Baum, das wollen meine Eltern nicht. Nur ein paar Zweige in einer Blumenvase. Aber bei euch hängen so viele schöne, glänzende Sachen am Baum.« Neugierig tupft Dilara mit dem Zeigefinger auf die Kugeln, auf die mopsdicken Posaunenengel und Teddybären.

»Süüüß«, flötet der zweite Hirte, ebenfalls ein Mädchen, wie ich an den langen Haaren feststelle. »Die sind so süüüß, die Glöckchen und Teddys. Echt schön. Wer hat den geschmückt?«

»Oma und ich«, antwortet Finn.

Das Mädchen strahlt ihn an. »So süüüß.«

»Danke, Malin«, meint Finn und bekommt auf einmal ganz rote Ohren. Das kann ich sogar von meinem Sofaplatz aus sehen. Was passiert hier gerade? Wird Finn krank?

»So, ihr Lieben«, unterbricht Oma Lisbeth, »dann fangen wir mal mit der Krippenspielprobe an. Dilara und Malin, bitte.«

Dilara starrt auf ihre Fußspitzen und nagt an der Unterlippe. Sonst nichts. Kein Text, kein gar nichts.

Dafür legt Malin umso lauter los: »Mit unserer Herde kommen wir zur Krippe geschwind. Bringen Milch und ein Fell für das süße Kind.«

»Das himmlische Kind«, verbessert Oma Lisbet.

»Das süße Kind finde ich aber viel schöner«, mault Malin und wirft Finn einen zärtlichen Blick zu.

Oha! Doch Finn verdreht die Augen und sieht verkrampft auf seinen Schuh. Da scheint die Anbetung wohl

ziemlich einseitig zu sein, stelle ich sofort fest. Das kenne ich. Der dicke Kater aus dem Stock unter Beatrice und mir hat mir auch gern im Treppenhaus aufgelauert. Aber das war nun wirklich kein Kerl für mich! Viel zu fett und ungepflegt, absolut nicht mein Typ.

»Fein, dass du es süßer findest, wenn das Jesuskind süß ist, Malin.« Oma Lisbet nickt. »Aber der Text bleibt genau so, wie er in euren Heften steht. Merkt euch also bitte bis zum nächsten Mal – es heißt: das himmlische Kind. Und es wäre reizend, Dilara, wenn auch du deinen Text lernen und den Mund aufmachen würdest.«

»Meinetwegen.« Malin zwinkert Finn zu. Dilara sagt nichts.

Wenn es hier ein Loch im Boden gäbe, wäre Finn jetzt hineingekrabbelt. In mir regt sich Mitleid. Mitleid für ein Kind! Das hätte ich nie für möglich gehalten. Aber ich kann Finn genau ansehen, wie peinlich ihm Malins Turtelei ist. Der Arme! Liebe kann echt anstrengend sein.

»So, jetzt kommen die Schafe«, erklärt Oma Lisbet.

Endlich. Ich lege mich auf meinem Platz zurecht, damit ich das Schauspiel ganz entspannt verfolgen kann. Sprechende Schafe, ganz was Neues!

»Leon, du beginnst.«

Ein wollweißes Tier tritt in die Mitte. Das soll ein Schaf sein?! Was für eine Enttäuschung! Hätte ich mir doch gleich denken können, dass es keine zweibeinigen Schafe gibt. Es ist nur ein Junge, der einen Schafpelzanzug anhat. Langweilig!

»Wir Schafe ... hihi ... warten auf dem Feld, Gott ... haha ... hat auch uns hierherbestellt. Mäh!« Leon kriegt sich nicht mehr ein vor Lachen, während er den Text spricht.

»Wenn du beim Krippenspiel auch so lachst, dann denken die Leute, dass sie im Zirkus sind, nicht in der Kirche«, schimpft Oma Lisbet. Und mit Blick auf Finn: »Wo ist dein Kostüm? Du bist nicht umgezogen, und wir haben noch kein einziges Lied geübt. Na, das kann ja heiter werden. Jetzt aber los. Leni, komm bitte nach vorne.«

Sie nickt dem zweiten Schaf zu. Als es zu Oma Lisbet hüpft, ahne ich schon, dass auch hier kein echtes Schaf sein Sprüchlein aufsagt. Tatsächlich! Hier steckt ein Mädchen in einem hellbraunen Schafskostüm. Pfff. Diese Menschen machen komische Sachen. *Miauuu!*

»Oh, seit wann habt ihr eine Katze?« Leni stutzt. Statt ihren Text aufzusagen, wirft sie sich auf den Boden und säuselt mit sanfter Stimme: »Wo bist du, Kätzchen, miez-miez-miez.«

»Eine Katze? Die will ich streicheln.« Auch Leon legt sich sofort flach hin und robbt immer näher an das Sofa heran. »Da ist sie, hier unter dem Sofa«, brüllt er.

»Ich will sie auch sehen«, ruft Dilara.

Malin quiekt hinterher: »So süüüüß! Eine Katze. Süüüüß!«

Argh! Immer tiefer verkrümele ich mich unter dem Sofa, während vier Kinderköpfe und noch mehr Kinderhände sich langsam darunterschieben. Irgendwann gibt es kein Zurück mehr, mein Hintern klemmt schon an der Wand. Weiter geht es nicht, ich stecke fest. Aus die Maus!

»Was macht ihr denn da alle auf dem Boden?«, höre ich Finn verwundert fragen.

»Wir schnappen uns deine Katze«, brüllt Leon.

»Die ist so süüüüüß«, ruft das Hirtenmädchen Malin. »Ich will sie streicheln.«

»Lasst Miri in Ruhe, sie ist erst ganz kurz bei uns und hat bestimmt Angst vor euch und …«

Weiter kommt Finn nicht, denn wie ein Blitz schieße ich an ihm vorbei in den Flur, in die Küche, unter den Besenschrank und stelle mich tot. Den Rest des Stückes bekomme ich so natürlich nicht mehr mit, dabei hätte mich wirklich interessiert, was ein unechtes Schaf so von sich gibt. Aber ich soll hier in diesem Haus einfach keinen Spaß haben. *Krrrr!* Nebenbei muss ich auch noch feststellen, dass Finn sich ein Schaffell umgewickelt hat. *Mein* Schaffell! Gut, es ist kratzig. Und es riecht ein bisschen streng. Aber es ist zumindest ein Polster. Jetzt muss ich in diesem harten Körbchen schlafen. *Miauuuuuu!*

Gibt es hier eigentlich irgendwas, das mir gehört? Einen Ort, ein Kuschelkissen, einen ruhigen Platz? Wenigstens ein eigenes Schaffell? Aber das scheint wohl nicht möglich zu sein bei der Familie Pfeffer. Ich will wieder nach Hause! Wobei ... Mirella von Koschka, jetzt reiß dich zusammen. Du bist schließlich eine Katze mit Ehre im Leib. Und hier geht es um viel mehr als um ein bisschen Kuscheln. Hier geht es um eine unglaublich teure Kugel, von der anscheinend keiner im Haus etwas ahnt. Hier geht es um viele Hände, die dieses Schmuckstück begrabbeln wollen. Und es geht um einen fiesen Kerl, der sich ständig vor unserem Haus herumtreibt. Habe ich ... gerade wirklich ... *unser Haus* gedacht? Na gut, okay, ist ja auch wahr. Einer muss hier schließlich den Überblick behalten und mögliche Diebe und Einbrecher in die Flucht jagen. Und dieser Jemand bin selbstverständlich ICH!

Der neunte Bissen:
Ein dicker Engel

Den restlichen Tag verbringe ich ziemlich nachdenklich in meinem Körbchen. Ich muss mir einen Plan ausdenken. Einen Plan, wie ich Oma Lisbet oder Finn auf den Wert der Kugel aufmerksam machen kann. Und wie ich gleichzeitig auf das gute Stück aufpassen kann, damit es nicht in falsche Hände gerät. *Miaaaau!*

Leider hat sich Oma Lisbet kurz zum Einkaufen beim Bäcker verabschiedet und mich mit den Krippenspielkindern allein gelassen. So ein Stress! Einmal versucht Malin noch, mich zu streicheln, aber heute ist mir nicht mehr nach Zärtlichkeit. Nach Malins schon mal gleich gar nicht. Außerdem muss ich nachdenken! Deshalb mache ich einen Katzenbuckel, fauche drohend und recke den Schwanz in die Höhe. Das wirkt. Malin zieht erschrocken ihre Hand zurück.

»Deine Katze ist überhaupt nicht süß, kein bisschen«, meint sie beleidigt. »Die ist richtig blöd.«

»Finde ich auch«, bestätigt Dilara. »So eine blöde Katze will kein Mensch haben.«

Selber blöd, du – du – du ... Schnepfe. *Miaaaaaau!*

»Hört doch mal, wie traurig sie maunzt.« Finn beißt sich auf die Unterlippe. »Ich bin sicher, dass sie uns versteht. Und sie merkt, dass ihr sie blöd findet. Das ist gemein, sie ist noch gar nicht lange hier, und ihr ...«

»Aber du glaubst doch auch, dass sie dich nicht mag. Hast du mir vorhin gesagt«, meint Leon zu Finn. »Vielleicht ist die Katze wirklich böse?«

Hallo? Was wird das hier? Ich, Mirella von Koschka, bin doch nicht böse. Ich bin traurig, verzweifelt, enttäuscht, einsam. Und ich sehne mich nach Beatrice.

»Na ja …« Ich sehe Finn an, dass er hin- und hergerissen ist. »Vielleicht fühlt sie sich nicht wohl bei uns. Ich würde das auch komisch finden, wenn meine Familie mich auf einmal nicht mehr haben wollte. Ist doch total doof!«

Kann dieser kleine Kerl etwa Gedanken lesen? Finn versucht, mich zu verstehen. Das rechne ich ihm wirklich hoch an. Er hält zu mir, aber offensichtlich möchte er vor seinen Freunden auch nicht blöd dastehen. Gar nicht leicht, und ein bisschen tut mir Finn leid. Denn ich merke jetzt, dass ich auch nicht immer nett zu ihm war. Aber das muss ich doch auch nicht sein, ich wohne schließlich nicht freiwillig hier. Ich bin unter Zwang und beinahe mit einer Gehirnerschütterung hierher verfrachtet worden. Also!

»Aber wenn wir morgen wiederkommen, dann sperrst du sie ins Klo, ja?«, fordert Malin. »Ich mag nur süße Tiere.«

Dilara nickt. »Ich auch.«

Ins Klo sperren? Was sind denn das für Vorschläge? Warum sind eigentlich alle so fies zu mir? Ich überlege gerade, ob ich die ganze Krippenspielbande kräftig anfauchen soll, entscheide mich dann aber, sie einfach zu ignorieren. Ich drehe mich mit dem Gesicht zur Wand.

»Oma ist einkaufen, meine Eltern sind auch nicht da.

Sollen wir Computer spielen? Oder eine Runde raus auf die Straße, in den Schnee?«, fragt Finn.

»Schneeballschlacht«, brüllt Leon.

»Au ja«, stimmt Leni zu. »Beeilt euch. Das wird lustig.«

»Ich will aber lieber in den Garten. Bei euerm Nachbarn ist auch der süße Wellensittich«, meint Malin zu Finn. »Der ist nicht so blöd wie deine Miri, den kann man wenigstens streicheln.«

»Das mag Herr Schneck aber nicht«, gibt Finn patzig zurück. »Den Wellensittich darf sowieso nur Lola auf den Arm nehmen. Herr Schneck war früher Chemielehrer an ihrer Schule. Und weil Lola das interessiert, mag er meine Schwester besonders gern. Dir würde er nie erlauben, den Wellensittich anzufassen, Malin. Und meine Eltern wollen auch nicht, dass wir so ein Chaos im Garten machen. Lieber auf die Straße.«

Na, der hat Finn es aber gegeben. *Peng!*

... fällt die Haustür ins Schloss.

Jaja, habt nur Spaß, denke ich. Lasst mich nur alle allein. Dann kann ich wenigstens in Ruhe fressen, mein Magen braucht dringend einen kleinen Snack. Nervös stelle ich die Ohren auf und höre noch einmal, ob es im Haus auch wirklich ganz still ist. Tatsächlich! Kein Kindergeschrei mehr, keine tadelnde Oma, keiner, der mich am Schwanz zieht oder ...

Klirr!

Was war das? Der Lärm kommt aus dem Wohnzimmer, das stelle ich mit meinen feinen Ohren sofort fest. Meine Nackenhaare sträuben sich, mein Schwanz beginnt nervös zu zittern. Die Kinder sind doch draußen auf der Straße, oder? Warum also hat es da gerade in Richtung Terrassentür geklirrt? Vorsichtig, sehr vorsichtig setze ich mich in Bewegung, pirsche zum Wohnzimmer und spähe hinein. Warum steht da auf einmal die Tür zum Garten offen? Und woher kommen die nassen Flecken? Von den Kindern können sie nicht sein, die spielen woanders. Also vielleicht …? In Windeseile drehe ich mich einmal, zweimal, dreieinhalbmal im Kreis, kann aber keinen entdecken. Nur ein paar Zweige am Baum wackeln verdächtig. Geduckt schleiche ich vorwärts und sehe mir die Tanne genau an. Alles wie vorher. Meine Kugel dreht sich noch genau da, wo Finn sie aufgehängt hat. Das ist schon mal das Wichtigste. Also nichts passiert. Oder – Stopp!

Hing da nicht vorhin noch so ... ein dicker Engel in der zweiten Reihe? Komisch. Vielleicht habe ich mir das alles nur eingebildet. Und eigentlich geht mich das doch alles gar nichts an. Hauptsache, meine Kugel, das kostbare Stück, ist da. In der spiegelnden Oberfläche kann ich mich sehen: eine einsame Katze, die keiner liebt. *Prrrr!*

In diesem Moment fällt hinter mir die Terrassentür zu. Fauchend will ich mich umdrehen und einen furchterregenden Katzenbuckel machen, der mit Sicherheit jeden Eindringling in Angst und Schrecken versetzen würde. Dabei verheddere ich mich leider in einer großen Portion Lametta, die neben meiner Kugel hängt. Panik! Je mehr ich nämlich versuche, mich von dem Silberzeug zu befreien, desto mehr klebt das Zeug an mir wie Kaugummi, ich kriege es einfach nicht mehr los. *Miaaaau!*

Nach einer gefühlten Ewigkeit schaffe ich es endlich, mich aus dem Lametta zu winden. Der Einbrecher ist inzwischen natürlich längst über alle Berge. Wie gut, dass mich keiner aus der Pfeffer-Familie in dieser misslichen Lage gesehen hat. Was für ein peinlicher Auftritt, Mirella von Koschka. Von wegen – abschreckender Katzenbuckel. *Miauuuuuu!*

Eine Weile bleibe ich noch peinlich berührt unter dem Weihnachtsbaum liegen, bis auf einmal mein Magen laut und vernehmlich knurrt. Auf Wiedersehen, schöne Kugel, heute Nacht lasse ich dich keine Minute mehr aus den Augen, das verspreche ich. Lametta hin oder her! Aber jetzt muss ich unbedingt einen kurzen Abstecher machen, in die Küche, zu meinem gefüllten Fressnapf. Aber auch hier wieder nichts als Enttäuschung. Der Napf ist leer. Ebbe. Nix drin. Gar nichts! Was soll das, Leute? Muss ich hier elend verhungern? Traurig rolle ich mich in meinem harten Körbchen ohne Schaffell zusammen. Jetzt will ich nur noch, dass es endlich dunkel wird, keine Lola mehr im Wohnzimmer fläzt und ich mich die ganze Nacht vor meine Kugel setzen kann. Das ist fast so schön wie den Mond anheulen. Oder ein feines Nickerchen machen und …

»Tut mir leid, Mirella, dass ich dich aufwecke.« Linda steht auf einmal neben mir, schiebt mir vorsichtig das Schaffell unter den Bauch und sieht mich mitleidig an.

Ich muss wirklich fest geschlafen haben, denn im Haus ist es totenstill.

»Ich wusste gar nicht, dass Finn sich auch noch dein Fell fürs Krippenspiel geklaut hat, das war nicht nett. Eigent-

lich hat er nämlich ein Schafkostüm, aber er war wohl zu faul, um es zu holen.« Sie krault mich sachte unterm Kinn. »In unserer Familie ist ziemlich viel los, aber du gewöhnst dich hoffentlich noch dran. Ich habe dir heute Abend etwas besonders Feines in deinen Fressnapf getan, vielleicht hast du Hunger? Es ist schon wahnsinnig spät, aber du hast so tief geschlafen, dass ich dich nicht wecken wollte. Jetzt muss ich aber ins Bett, gute Nacht, Kätzchen.«

Dankbar streiche ich um Lindas Beine herum und verschwinde hungrig in der Küche. Mmh, Linda hat nicht gelogen. Es ist zwar Trockenfutter, aber ein richtig leckeres. Satt und voller Tatendrang, immerhin bin ich in geheimer Mission unterwegs, trolle ich mich ins Wohnzimmer, das vom Mondlicht sanft erhellt wird. Der Glanz spiegelt sich auch im Schnee draußen vor dem Fenster und ganz sicher auch in meiner schönen Kugel am untersten Zweig. Ein kühler Luftzug weht durchs Zimmer und mit ihm ein paar glänzende Flocken. Ein ... paar glänzende Flocken? Heilige Spitzmaus, die Terrassentür steht offen! Schon wieder. Sperrangelweit. Leute, haben wir hier heute Tag der offenen Tür, oder wie? Instinktiv rase ich zu meiner Kugel und stelle sofort fest, dass ... Oh nein, das darf doch nicht wahr sein, ich habe wieder alles verschlafen, oh, ich Unglückskatze. Das gibt es doch nicht ... Wie kann das passieren ... Wer war das? Die Krippenspielkinder? Ein Einbrecher?

Meine Kugel, die teure, wertvolle, mit echten Diamanten besetzte Kugel von Oma Lisbet ... sie ist weg!

Der zehnte Bissen ...
... ist kariert

In dieser Nacht träume ich davon, dass der Nikolaus aus dem Garten einfach ins Haus stiefelt, den Tannenbaum komplett abräumt – also auch meine schöne, diamantbesetzte Goldkugel – und den Inhalt in seinen Sack stopft. Danach verschwindet er in der Küche, schaufelt krachend mein gesamtes Trockenfutter in sich hinein und spült mit einer ganzen Flasche Milch hinterher. Und die absolute Dreistigkeit: Er tappt auch noch auf leisen Sohlen zu mir und will mich samt Schaffell in seinen Sack stopfen. Albtraum!

Ich wache auf, fühle mich wie nach einer heftigen Prügelei mit einer anderen Katze und schleppe mich – ohne einmal nach rechts oder links zu sehen – aufs Katzenklo. Meine Lider sind so schwer, als hätte mir jemand ein Schlafmittel ins Dosenfutter gerührt. Wie in einem der Agentenfilme von Beatrice. Okay, da war das Schlafmittel zwar im Cocktail und nicht im Katzenfutter, aber das ist doch jetzt völlig egal. *Krrrr!*

Als ich wieder zurückschleiche, sitzt Finn neben meinem Körbchen. »Miri, hast du in der Nacht etwas mitgekriegt? War hier jemand im Haus? Ich weiß doch, dass du schon die ganze Zeit auf den Christbaum aufpasst, vor allem auf die Kugel. Aber jetzt ist sie nicht mehr da. Und wo sind die Teddys und die zwei dicken Weihnachtsen-

gel?«, fragt er besorgt. »Ist das ein lustiges Spiel von dir? Hast du sie hier irgendwo versteckt?«

Also bitte, was für eine Unterstellung. Ich dachte ... wir könnten Freunde sein? Möglicherweise. Eventuell. Was also soll jetzt diese Frage? Überleg doch mal, Finn, was sollte ich mit diesen Dingen anfangen? Vielleicht mein Körbchen damit dekorieren? Oder mir die Kugel ans Ohrläppchen hängen? Vielleicht damit zum nächsten Juwelier laufen, sie meistbietend verscherbeln und mit dem Geld eine hübsche Kreuzfahrt machen? So wie Beatrice. *Krrrr!* Mensch, Finn, jetzt bin ich aber ernsthaft beleidigt. Wie redest du eigentlich mit mir, Mirella von Koschka?

Bevor ich wieder hurtig ins Körbchen huschen kann, reißt Finn das Fell hoch, schüttelt es so heftig, dass meine Katzenhaare durch den Flur wirbeln, und legt es mit einem großen Seufzer wieder hinein. »Schade, nichts drin.«

Ja, was hast du denn erwartet? Den Goldschatz der englischen Königin? Berge von Gummibärchen? Ein brandneues Handy?

»Finn, es hat geschneit«, brüllt Lola in den Flur hinein.

»Quatsch, das waren doch nur Miris Haare«, erklärt Finn.

»Oh, Mann, ich meine doch nicht hier. Ich meine draußen!«, gibt Lola zurück. »Da liegt echt voll viel Schnee!«

»Hab ich schon längst gesehen«, erklärt Finn. »Den Schnee und den Christbaumkugel-Raub.«

»Wie bitte? Von welchem Raub redest du? Hat dir jemand was geklaut?« Mit großen Schritten hastet Lola zu uns und baut sich neben meinem Körbchen auf. Ihre Augen flackern nervös, das fällt mir sofort auf. Wir Katzen sind gute Beobachter. »Was ist denn hier los? Hat sie dich gebissen? Ist was passiert, Zwerg? Hat dich dieser Minitiger gekratzt?«

»Blödsinn, das würde Miri nie tun«, erklärt Finn. »Ich habe sie nur gerade gefragt, ob sie gesehen hat, wer etwas vom Baum geklaut hat. Da ist nämlich so Zeug über Nacht verschwunden.«

»Du hast die Katze ... *gefragt*?« Lola wirft Finn einen zweifelnden Blick zu. »Und jetzt glaubst du ernsthaft, dass sie dir antwortet?« Sie tippt sich mit dem Zeigefinger an die Stirn. »Alter, in welchem Film bist du denn?«

Finn stampft so heftig auf den Boden, dass mein Körbchen wackelt. »Wen soll ich denn sonst fragen, was los ist? Miri ist doch die Einzige, die sich um den Baum kümmert. Und die Kugel bewacht und das ganze Zeug. Papa und Mama sind nie da, und Oma Lisbet schläft dauernd.«

»Finn. Ey, wenn was passiert ist, dann kannst du das immer deiner wahnsinnig netten großen Schwester erzählen.«

»Die Engel sind vom Baum verschwunden«, erklärt Finn geduldig. »Die dicken, bunten, die Mama letztes Jahr auf dem Weihnachtsmarkt gekauft hat. Außerdem vier karierte Teddys und die goldene Christbaumkugel mit den Glitzersteinen drauf.«

Du meinst wohl die wertvolle Goldkugel mit den ech-

ten Diamanten drauf, würde ich jetzt gern sagen. Kann ich aber leider nicht. Stattdessen sehe ich gespannt von einem zum anderen. Also habe ich nicht geträumt, die Kugel ist tatsächlich weg. Und es fehlt sogar noch mehr Zeug als gestern Abend. Merkwürdig.

»Ich verstehe das nicht«, fährt Finn fort. »Wer kann denn etwas mit den Sachen anfangen?«

Lola zuckt lässig mit den Schultern. »Ist das denn so wichtig? Mach einfach was anderes dran. Oder lass es so. Ich meine ... der Baum sieht doch sowieso immer gleich aus.«

»Pfff. Da haben wir nur die schönsten Sachen drangehängt. Oma Lisbet hat extra die schöne Kugel herausgeholt. Die hatten wir noch nie am Baum hängen. Wir haben uns echt Mühe gegeben.« Finn verschränkt beleidigt die Arme. »Du bist doof.«

»Selber«, knurrt Lola. »War's das?«

»Was für ein reizendes Gespräch am Morgen«, stellt Paul fest. Im Jogginganzug hüpft er die Treppe von den oberen Stockwerken hinunter. »Morgen, Kinder.« Ruckartig hebt er mich in die Höhe und hält mich ganz nah vor sein Gesicht. »Guten Morgen, Mirella. Sieh mich nicht so erschrocken an. So macht man das, wenn man sich an jemanden gewöhnen soll. Immer schön Körperkontakt halten.«

Na, hoffentlich will er mich jetzt nicht auch noch küssen. Und das Ganze auf nüchternen Magen. Vorsichtshalber drehe ich den Kopf weg. *Maaaaunz!* Lass mich runter, mir wird übel.

»Paul, lass die arme Katze los.«

In einem duftigen hellgelben Morgenmantel schwebt Linda wie eine Lichtgestalt in den Flur. Mein rettender Engel!

»Ist ja schön, wenn du dich mit ihr anfreundest. Aber Katzen können ganz schön eigensinnig sein, wenn sie nicht angefasst werden möchten. Hast du nicht gesehen, dass sie ihren Schwanz fast waagrecht nach hinten reckt? Dann fühlt sie sich nicht wohl.« Sie schnappt mich aus Pauls kräftigen Händen und setzt mich vorsichtig auf dem Boden ab. »Tut mir leid, Mirella, aber wir üben alle noch die Katzensprache. So, und jetzt wüsste ich gern, was hier los ist.«

Finn holt tief Luft. »Ich weiß genau, dass ich mit Oma diese dicken Engel von dir an den Baum gehängt habe. Und ganz viele Teddys und so 'ne goldene Kugel ganz unten hin. Jetzt sind die Sachen alle weg. Sieht ganz blöd aus.« Er deutet auf den Christbaum.

»Das finde ich voll witzig«, amüsiert sich Lola. »Finn glaubt, ein Einbrecher hat den Baumschmuck gestohlen.«

Mit Lockenwicklern im Haar und Plüschpantoffeln in Hasenform schlurft Oma Lisbet die Treppe runter. »Unser Baum ist jetzt einsam in Polen?«

Lola verdreht die Augen. »Oma, jetzt dreh doch mal an deinem Hörgerät. Nicht der Baum ist in Polen, jemand hat den Baumschmuck gestohlen.«

»Die Tanne?«, fragt Oma Lisbet erstaunt. »So ein kleiner Baum ist doch nichts für Diebe.« Bevor noch einer

antworten kann, rauscht sie zur Wohnzimmertür. »Aber was redet ihr nur für einen Unsinn? Da steht er doch!«

Auch von meinem Körbchen aus kann ich den Christbaum ganz gut sehen. Sogar die Lichter brennen schon am frühen Morgen. Auf leisen Pfoten laufe ich näher und sehe ihn mir genau an. Vielleicht entdecke ich ein paar Spuren. Haare oder einen Knopf oder ein verlorenes Taschentuch. In den Filmen von Beatrice findet der Geheimagent immer solche Sachen. Je länger ich den Baum umrunde und die Umgebung beschnüffle, desto besser gefällt mir meine neue Rolle. Mirella ermittelt. *Miaumiau!*

Ich recke den Kopf. Glück gehabt, die Kekstannenbäume an den Fäden baumeln noch alle an ihren Plätzen. Alles meins! Aber an einigen Zweigen sieht es tatsächlich etwas löchrig aus. Zwei kahle Stellen hatte ich gestern schon bemerkt, die anderen sind neu. Finn hat recht, inzwischen fehlen auch noch einige der karierten Spielzeugteddys. Aber wer kann damit etwas anfangen? Die kann man doch gar nicht fressen. Und so hübsch wie meine Kugel sind sie auch nicht. Geschweige denn so wertvoll. Ich setze mich auf den Boden und putze mir gründlich das Fell. Dann platziere ich mich vor dem Baum, recke den Kopf und presse meine Vorderpfoten eng aneinander. So kann ich am besten nachdenken.

»Sehr verdächtig, dass die Katze gleich zum Baum hinläuft«, ruft Lola.

»Was macht Mirella da?«, will Linda wissen.

Paul grinst. »Sie betet den Baum an.«

»Papa!« Lola prustet vor Lachen.

Pfff. Paul und Lola finden sich wohl besonders witzig. Auf solche albernen Bemerkungen reagiere ich doch gar nicht. Mit hoch erhobenem Kopf mache ich ein paar Schritte und hüpfe dann schwungvoll auf die Fensterbank. Die Welt draußen sieht ganz anders aus als gestern. So friedlich und komplett weiß. Also ... weiß war es ja gestern auch schon, aber jetzt liegt richtig dick Schnee, nicht so ein feines Pülverchen. Noch nie habe ich so eine große, dichte weiße Fläche gesehen, der Balkon von Beatrice war winzig. Ich drehe meinen Kopf einmal von links nach rechts. Sieht aus wie ein sauberes, blütenweißes Tischtuch ohne Flecken und ... halt! Was ist das dahinten am Nachbarzaun? Ist da nicht gerade eine Gestalt verschwunden? Mit dicker Jacke und Mütze auf dem Kopf. Den Kerl habe ich doch schon mal gesehen. Um alles besser wahrnehmen zu können, presse ich die Nase bis an die Scheibe. Und da bemerke ich sie: Fußabdrücke. Da draußen sind Fußabdrücke. Ganz frische! Und ... die Fußabdrücke gehen eindeutig durch den ganzen Garten bis zur Terrassentür. Das muss der Einbrecher gewesen sein!

»Sag mal, hast du draußen was Ungewöhnliches bemerkt?« Finn steht auf einmal neben mir. Offensichtlich ist er meinen Blicken gefolgt. »Wow, Miri, du bist ja eine echte Detektivkatze. Jetzt hast du auch noch die Spuren im Schnee entdeckt. Die sind mir vorhin gar nicht aufge-

fallen.« Ruhig, aber bestimmt legt er danach seine schmale Hand auf meinen Rücken. So stehen wir gemeinsam vor dem Fenster. Genau wie in dem bekannten Agentenfilm, den ich mit Beatrice geschaut habe. Da hat der Ermittler seinem Kumpel die Hand auf die Schulter gelegt. Damit beide wissen, dass sie sich aufeinander verlassen können. Genau wie Finn jetzt bei mir. Am liebsten würde ich ihm auch die Pfote auf die Schulter legen. Knittriges Katzenkissen, das fühlt sich nämlich gut an. Sehr gut sogar ... wobei ich ehrlich zugeben muss, dass Finn nicht wie ein kräftiger Detektiv aussieht. Eher schmächtig. Finn hat ungefähr so viele Muskeln wie ein Wackelpudding. Ganz im Gegensatz zu mir natürlich. Dank meiner täglichen Katzenbuckel-Pferderücken-Liegestütz-Übungen, die ich mir jeden Tag von Beatrice abgeschaut habe, wenn sie

Yoga gemacht hat, bin ich ein ziemliches Kraftpaket. Und nicht nur körperlich bin ich die Nummer eins, ich bringe selbstverständlich viel mehr Lebenserfahrung mit als Finn. Ich sollte wohl die Rolle des Chefermittlers übernehmen ...

»Ab jetzt läuft die *Geheimsache Christbaum*«, flüstert Finn. »Wir klären das auf mit den verschwundenen Sachen, oder? Als echte Partner. Finn und Mirella ermitteln. Du möchtest doch, dass ich dich so nenne, stimmt's?«

Der elfte Bissen:
Scherben!

Eine ganze Weile bleiben wir so vor dem Fenster stehen. Finn und ich.

»Tut mir leid, dass deine Kugel weg ist«, meint Finn.

Abrupt wende ich ihm den Kopf zu. *Meine* Kugel? Woher weißt du ...?

Finn lächelt, als würde er meinen Blick verstehen. »Ich habe dich immer beobachtet, wenn du sie mit deinen Pfoten angeschubst hast. Oder wenn du dich in der Kugel gespiegelt hast. Neulich hast du auch irgendwas darin gesehen, stimmt's?«

Bingo! Schlaues Kerlchen. Neben deiner Mutter bist du wohl der Einzige hier im Haus, der mich versteht.

»Herr Schneck fand es auch total süß, wie du immer vor der Kugel gesessen bist. Er ist unser Nachbar, weißt du. Gestern war er kurz da, um sich den Christbaum anzusehen.« Finn lächelt. »Und witzigerweise hat ihm deine Kugel auch besonders gut gefallen.«

Der Nachbar? Meine Kugel? Finn, Junge, merkst du nicht, was hier gespielt wird? Wahrscheinlich hat euer Nachbar die Kugel geklaut und macht sich damit jetzt aus dem Staub! Oje, wie erkläre ich dir nur, dass die Kugel wertvoll ist? Sehr wertvoll? Energisch drücke ich meinen Kopf an Finns Arm, damit er mich streichelt. Finn krault mich eine Weile hingebungsvoll. *Prrrr!*

Vor lauter Wohligkeit hätte ich beinahe unsere *Geheimsache Christbaum* vergessen, aber nur beinahe. Wir müssen dringend Beweise und Finger- oder Fußabdrücke sichern. Finn und Mirella ermitteln! Mit lautem Maunzen flitze ich zur Terrassentür und kratze wie verrückt daran. So lange, bis Finn endlich begriffen hat.

»Du willst mir draußen was zeigen, stimmt's, Mirella? Warte, ich komme gleich.«

Da mein kleiner Freund ja kein Fell hat, muss er sich natürlich vorher noch eine Winterjacke, Mütze, Handschuhe und einen Schal holen ... puh, das dauert! In der Zeit kann ich schon mal ein bisschen am Baum schnuppern, ob ich etwas Verdächtiges riechen kann. Vielleicht hat der Dieb eine Duftspur hinterlassen. *Miauuuu!*

Vorsichtig robbe ich bis zum Christbaumständer und schnuppere eifrig. Mmmmh. Irgendwo habe ich den Duft schon mal gerochen, der noch in den Zweigen hängt. Aber ich kann mich nicht mehr erinnern ... Dafür entdecke ich hier unten tatsächlich etwas: eine Scherbe, ein Stückchen buntes, schimmerndes Glas. Wenn mich nicht alles täuscht, stammt das von einem dieser Weihnachtsengel. Das muss ich unbedingt Finn zeigen. *Maaaaaaunz!*

»Ist was, Mirella?«, fragt er prompt, als er dick vermummt auftaucht. »Hast du was entdeckt? Wo bist du überhaupt?«

Ich maunze so kläglich, dass sich mein neuer Freund sofort auf den Teppich kniet und unter dem Christbaum

nachsieht. Schlaues Kerlchen! Sachte tupfe ich mit der Pfote auf die Scherbe, aber nur ganz vorsichtig, das Ding sieht nämlich ganz schön spitz aus. Das merkt auch Finn, als er mit der Hand danach greift.

»Autsch, verflixt! Jetzt habe ich mich gepikt.«

Mit schmerzverzerrtem Gesicht fischt er die Scherbe unterm Baum hervor. Ich krabble hinterher. Aus der Wunde an Finns Finger tropft Blut, aber Finn beißt die Zähne zusammen, presst ein Papiertaschentuch darauf und schweigt. Der Kerl ist echt eine Wucht!

»Das hast du super gemacht, Mirella. Auf jeden Fall wissen wir jetzt, dass der Engel kaputtgegangen ist. Oder der Dieb hat ihn absichtlich kaputt gemacht. Kannst du mal an der Scherbe schnuppern, ob du irgendwas riechen kannst? Könnte ja eine Möglichkeit sein, oder?«

Aber die Scherbe riecht nach nichts. Ganz und gar nichts. Schade. Trotzdem ist mein Fund bestimmt sehr hilfreich, denn wo eine Scherbe ist, sind vielleicht noch mehr.

»Mirella, denkst du das, was ich denke?«

Finn friemelt sich Schal und Mütze wieder ab und flitzt in die Küche. Ich natürlich hinterher! Aus dem Küchenschrank fischt er zunächst ein Pflaster und klebt es sich auf die blutende Wunde. Danach reißt mein Partner schwungvoll die Tür vom Küchenschrank auf und zieht den Mülleimer heraus. Aus einer Schublade nimmt er einen Kochlöffel und stochert im Dreck herum. Dass dieser blöde Mülleimer aber auch so groß sein muss, ich kann gar nichts sehen. Ich streiche neugierig um Finns Beine herum und warte auf das Ergebnis. Nach minutenlangem Stochern legt er den Löffel in die Spülmaschine.

»Nichts, keine einzige Scherbe. Null. So ein Mist.« Er kniet sich auf den Boden und krault mir das Fell. »Dann kann es wohl keiner aus der Familie gewesen sein. Denn jeder von uns hätte eine kaputte Christbaumfigur im Müll entsorgt. Was meinst du?«

Miaaaauu! Da muss ich ihm recht geben. Wohin sollte man auch sonst mit Scherben?

»Ich verstehe das nicht.« Finn kneift die Augen zusammen. »Wer war sonst noch hier? Die Krippenspielgruppe! Aber ich kann mir nicht vorstellen, dass es einer von de-

nen war. Was sollen die denn mit unserem Christbaum-schmuck?«

Maunz! Ich bin mir da nicht so sicher. Dilara war ganz fasziniert von den Sachen, und Malin fand alles so süüüß, daran kann ich mich noch genau erinnern. Auch Leon ist eine ganze Weile um die wertvolle Kugel herumgeschli-chen. Das habe ich von meinem Beobachtungsposten un-term Sofa genau gesehen. Die hätte jedes Kind locker in seine Tasche stecken können!

»Okay, Miri … äh, Mirella«, Finn grinst mich an, »wir untersuchen jetzt noch schnell die Spuren draußen, bis die anderen Kinder kommen. Ich schätze mal, dass wir Dilara, Malin, Leon und Leni befragen und vielleicht so-gar ihre Taschen untersuchen müssen. Denn wenn einer von ihnen das Zeug genommen hat, will er es sicher nicht zugeben. Wir müssen also geschickt vorgehen.«

Während Lola und Oma Lisbet beim Mittagessen sit-zen, verabschiedet sich Finn unter dem Vorwand, dass er Bauchschmerzen hätte, mit mir auf Spurensuche im Gar-ten. Ab ins Freie! Finn öffnet die Terrassentür, lässt mir den Vortritt, und gemeinsam machen wir uns auf nach draußen.

»Ich kann sowieso nichts erschnüffeln, Mirella. Aber du hast bestimmt eine ganz feine Nase. Was meinst du, kannst du an den Fußspuren irgendwas erkennen?«

Logisch, Partner. Immerhin ist mein Name zwar nicht Bond, James Bond. Aber dafür Mirella, Mirella von Ko-schka. Und was dieser Superagent kann, das kann ich schon lange! Immerhin kenne ich beinahe jedes Filmabenteuer von diesem Kerl in- und auswendig. Bei den spannenden Stellen hat sich Beatrice immer die Augen zugehalten, während ich genau hingesehen habe. Heul doch, Baby!

Also ... es war jetzt nicht unbedingt mein Wunschfilm. Lieber hätte ich mir eine Tiersendung angesehen, beispielsweise eine über leckere Mäuse oder zarte Vögel. Aber zumindest weiß ich aus den Geschichten, dass man sich alle Spuren genau ansehen muss. Und das mache ich jetzt. Vorsichtig beschnüffle und umrunde ich die Abdrücke. Sie stammen eindeutig von einem Men-

schen, so viel ist sofort klar, denn Tierspuren sehen komplett anders aus und riechen auch anders. Nicht so ... sauber und nichtssagend. Vorsichtig setze ich eine Pfote in den Abdruck. Nur so zum Vergleich. Die Spuren sind mittelgroß, das ist leider doof. Bei kleinen Fußspuren wäre sofort klar gewesen, dass sie von Kinderfüßen stammen, aber so ...?

»Könnten auch die Fußabdrücke von einem Erwachsenen sein, stimmt's?« Finn sieht mich durchdringend an.

»Also, meine Mutter hat bestimmt keine größeren Füße. Die hat ganz kleine Schuhe. Und Oma Lisbet auch.«

Ich schlage mit dem Schwanz und lecke mir die Pfoten.

»Verstehe, du bist unsicher, was die Spur angeht«, erklärt Finn. »Habe ich alles in meinem Katzenbuch nachgelesen, damit ich dich besser verstehen kann.« Er strahlt mich an. »Ich hab mir richtig Mühe gegeben, weißt du? Jede Nacht habe ich heimlich im Bett mit der Taschenlampe in diesem Buch gelesen. Das habe ich von meinem Taschengeld gekauft.«

Alter Falter! Der Kerl meint es wirklich ernst mit unserer Beziehung. Ich weiß gar nicht, wie ich darauf reagieren soll. Aber Schnurren ist immer gut. *Prrrrr!*

»Wir müssen wieder rein, Mirella, die anderen Kinder kommen gleich. Wir sollen mit Oma Lisbet üben. Aber ich find's schon ganz schön cool, was wir rausgekriegt haben.«

Na ja, so viel war es ja noch nicht. Ich hätte zu gern gewusst, ob dieser komische Kerl, der mehrmals durch den Garten gestreift ist, große, mittelgroße oder kleine Füße hat. Und auch der Fußabdruck selbst und das Profil der Sohlen spielen eine Rolle … also zumindest in den Agentenfilmen. Aber wie soll ich das bloß rauskriegen?

»Ist es okay, wenn ich dich auf den Arm nehme und in dein Körbchen trage? Dilara und Malin haben ein bisschen Angst vor dir, glaube ich.«

Nein, nein, nein! Bloß nicht, Finn, von da aus kann ich lange nicht so gut beobachten! Ich blinzle ihn ein paarmal an … ob er mich versteht?

Finn schlägt sich mit der flachen Hand an die Stirn. »Ich bin ja doof, dann kannst du ja nicht sehen, ob sich einer am Tannenbaum vergreift. Entschuldige, Mirella. Wir brauchen einen echt guten Plan, pass auf: Während ich mit den anderen fürs Krippenspiel übe, musst du die Taschen durchsuchen. Ich sage allen, dass sie die im Flur stehen lassen sollen, dann hast du freie Bahn.«

Gar nicht blöd, dieser Nachwuchsdetektiv. Weiter so!

»Am besten verkriechst du dich danach unter Omas Lesesessel in der Ecke, ich lenke die anderen so lange ab. Unter Omas Sessel findet dich keiner, den darf niemand anfassen. Der ist nämlich schon uralt, stammt noch von meinem Opa. Aber von da aus kannst du noch besser sehen, als wenn du unterm Sofa liegst. Du musst nur einen Moment aufpassen, wenn sich Oma für die Probe draufsetzt. Ich will nicht, dass du zerquetscht wirst.« Finn lacht schallend.

Haha, sehr witzig. Dann kann ich ja nur hoffen, dass mein Detektiveinsatz nicht als Katzenmatsche endet!

Der zwölfte Bissen:
Verbrannt?

Dilara, Malin und die anderen reagieren ziemlich pampig, als Finn sie auf den verschwundenen Christbaumschmuck anspricht. Natürlich will es keiner von ihnen gewesen sein, aber da bin ich mir nicht so sicher. Sicherheitshalber sehe ich in ihren Rucksäcken nach. Mein Freund hat sie schlauerweise ein bisschen geöffnet, sodass ich meinen Kopf hineinstecken oder mit den Pfoten vorsichtig darin wühlen kann. Aber ich kann nichts entdecken außer einem Wurstbrot. Mmmmh, wie das duftet. Ob es wohl auffällt, wenn ich ein kleines Stück …? »Wo ist eigentlich Madita?«, höre ich Oma Lisbet. »Ich habe die Katze den ganzen Tag noch nicht gesehen.«

»Keine Ahnung«, brüllt Finn. »Aber jetzt setz dich doch mal endlich in deinen Sessel, Oma. Zur Probe sitzt du doch immer im Sessel. In deinem Sessel in der Ecke! Sessel, klar?«

Jaja, Kumpel, ich habe verstanden. Im gestreckten Katzengalopp rase ich zur Wohnzimmertür. Als mir alle den Rücken zudrehen – Finn lenkt sie wie besprochen ab –, düse ich unter Omas Stuhl. Geschafft! Keiner hat mich bemerkt. Selbst Oma Lisbet bekommt nicht mit, dass ich unter ihrem Po liege. Obwohl mir beinahe ein lautes Jaulen entfahren wäre, als sie sich draufsetzt. Wie kann eine alte Dame nur so schwer sein? *Krrr!* Jetzt bloß keinen Laut machen. Nur die Harten kommen in den Garten, das weiß ich von unserer Köchin. Also … der Köchin in meinem ehemaligen Zuhause. *Miau!*

»Auf dem Feld haben wir Gottes Engel gesehen«, beginnt Dilara auf Oma Lisbets Anweisungen mit dem Text. »Da war klar, wir müssen auf die Suche gehen.«

Und während Malin, Dilara, Leon, Leni und Finn ihre Sätze aufsagen, beobachte ich aus meinem Geheimversteck jede Bewegung von ihnen. Kein Blick zum Christbaum entgeht mir, keine Hand, die an den Zweigen streift. Ich. Sehe. Alles. Allerdings ist das ständige Schauen so anstrengend, dass mir bei Malins Satz …

»Das Kind ist geboren, wir kehren zurück. Und danken dir, Gott, für das himmlische Glück.«

… die Lider schwer werden. Ich muss heftig blinzeln und nicke fast ein, bis Leon losbrüllt:

»Jetzt ist das Krippenspiel aus. Leute, geht nach Haus!«
Schlagartig bin ich wieder wach. Was für ein Theater!
Im gleichen Moment haut sich Oma Lisbet irritiert auf die
Schenkel.

»Das ist nicht dein Text, Leon. Das sollt ihr singen, alle
gemeinsam. Sanft und freundlich, nicht losplärren. Und
der richtige Text lautet: *Für dieses Jahr ist das Krippenspiel
aus. Ihr lieben Leute, feiert die Weihnacht nun weiter zu
Haus.*« Oma Lisbet lächelt sanft. »Hört mir zu, Kinder, ich
singe es euch einmal vor.«

Säuselnd singt sie das Lied in so einschläferndem Ton-
fall, dass mir erneut die Augen zufallen. Wieder kämpfe
ich mit der Müdigkeit, bis die Krippenspielkinder losle-
gen. *Miaaaauuu!*

Was nun folgt, ist beinahe noch schlimmer als das Ge-
brüll von Leon. Malin, Dilara, Leon, Leni und Finn ver-
suchen nämlich, die Verabschiedung im Chor zu singen.
Und nicht nur ein Mal, gefühlte hundert Mal dröhnt mir
der schräge Gesang der Krippenspielkinder in den Ohren, bis mir …

… schlagartig die Augen zufallen. Gnade. Ende. Aus die
Maus.

Ein Scheppern reißt mich aus dem Schlaf, danach ein
feines Klingeln. *Pling!* Wie von einem Glöckchen. Ist etwa
schon Weihnachten? An Heiligabend hat Beatrice nämlich immer ein Porzellanglöckchen geschwungen, bevor
sie mir mein Lachsfilet serviert hat. Mit einem kleinen
Rand aus Petersilie. Nicht dass wir Katzen so was mö-

gen, aber das Auge isst schließlich mit. *Pling!* Wo bin ich? Schon wieder dieses Klingeln, danach Schritte. Herrje, Mirella, jetzt konzentrier dich endlich! Das Glöckchen war eins vom Christbaum, und diese Schritte stammen von ...

Zu spät. Als ich endlich unter dem Sessel von Oma Lisbet hervorkrabble, ist der Dieb verschwunden. Und alle goldenen Glöckchen vom Baum und einige Kugeln auch. Verflixt! Zusätzlich ist der Teppich rund um den Baum total feucht, als hätte es im Haus geschneit. Was ist hier passiert? Außer, dass ich alles verpennt habe. Was bin ich nur für eine lausige Ermittlerin. *Miauuu!*

Als Finn nach einer Ewigkeit wieder ins Wohnzimmer kommt, liege ich wie ein Häuflein Elend neben dem geplünderten Weihnachtsbaum. Inzwischen ist es draußen schon dunkel.

»Mensch, Mirella, wer war das?«

Erstens: Ich bin kein Mensch. Zweitens: Ich habe keine Ahnung. Als Detektiv völlig versagt, was für eine Schande!

Finn lässt sich auf dem Boden nieder und streichelt mich liebevoll. »Wir haben es beide verpatzt. Ich war mit den andern den ganzen Nachmittag beim Schlittenfahren, du hast ... ich nehme mal an ... geschlafen, oder? Aber dafür hast du bei der Probe aufgepasst wie ein Luchs.«

Nun ja, Finn meint das sicher nett, aber so wirklich freut mich dieses Lob nicht. Luchse gelten in unseren Kreisen nämlich als ziemlich ungehobelte Burschen. Eine

solche Wildkatze ist mit einem anständigen, wohlerzogenen Stubentiger absolut nicht zu vergleichen. Mal davon abgesehen, dass wir Hauskatzen genauso gut hören wie diese angeberischen Luchse.

»Okay, jetzt müssen wir uns aber mal was einfallen lassen. Übermorgen ist Weihnachten, und unser Baum sieht aus wie ein gerupftes Huhn. Wenn das so weitergeht, hängt bald nichts mehr dran. Und als Nächstes kommen dann unsere Weihnachtsgeschenke dran, die verschwinden dann auch noch spurlos. Das ist doch nicht mehr witzig!« Finn sieht mich ratlos an. »Oma glaubt, dass sich unser Nachbar ein Späßchen macht. Oma und Herr Schneck haben nämlich gewettet, wer den schönsten Christbaum hat. Und jetzt denkt Oma, dass er sich an unserer Tanne bedient.«

Also der Nachbar. Dann war er es, den ich im Garten gesehen habe. Aber wie sollen wir uns diesen Kerl nur schnappen? *Miauuuu!* Und wie soll ich Finn sagen, dass *ich* diesen Herrn Schneck schon beobachtet habe?

Finn gähnt. »Wir machen morgen mit der Spurensuche weiter. Ich bin total kaputt. Gute Nacht, Mirella.«

Gute Nacht? Hallo! Ein echter Detektiv schläft nicht. Also … zumindest nicht jetzt. Finn, mein Partner, Kollege, du wirst doch nicht schwächeln? Na warte, das werde ich zu verhindern wissen. Mutig folge ich meinem Freund die Treppen in den ersten Stock hinauf.

»Also, eigentlich darfst du hier nicht hin, hat dir das keiner gesagt?«, murmelt Finn schläfrig. »Das hat Mama verboten. Aber ich verrate dich nicht, Mirella. Kannst bei mir schlafen. Am besten am Fußende.« Finn schlüpft ins Bett und deckt sich zu. »Gute Nacht«, sagt er.

Nix da! Ich muss Finn irgendwie vom Schlafen abhalten. Nur wie? Statt mich ans Fußende des Bettes zu legen, mache ich diverse Saltos von seinem Schreibtisch auf den Boden und führe Purzelbäume auf dem Teppich vor. Eine Weile schaut mir Finn aufmerksam zu, doch dann passiert es: Finn fallen die Augen zu.

Und jetzt? Gerade will ich mich wieder nach unten schleichen, um mich dort noch einmal umzusehen, da höre ich ein leises Scheppern. *Patsch!*

Es kommt aus einem der Zimmer hier oben im ersten Stock. Aber aus welchem? Und wem gehört es? Mit der Nase am Boden schleiche ich den Flur entlang. Durch den Spalt von zwei Türen fällt noch Licht. Hinter einer Tür höre ich eine Männer- und eine Frauenstimme, dazu leises Gelächter. Das muss das Schlafzimmer von Finns Eltern sein. Unter dem zweiten Türspalt zieht ein leiser Hauch von ... Mmmmmh ... Streichhölzern durch. Diesen Geruch kenne ich doch von ... ich zucke mit den Ohren, schlage mit dem Schwanz, und ... da fällt es mir wieder ein: Lola! Hier muss Nasenring-Lola wohnen. Was, bitte schön, brennt das Mädchen in der Nacht an? Ich rieche keine Kerzen. Aber mit Sicherheit fackelt Lola hier im Haus keinen Baumschmuck ab, also muss es mich auch gar nicht interessieren. Und schließlich ist morgen auch noch ein Tag, und heute darf ich in Finns Bett schlafen. Also!

Der dreizehnte Bissen:
Gut versteckt

In dieser Nacht bekomme ich absolut kein Auge zu, obwohl ich mich ganz wunderbar ans Fußende von Finns Bett kuschele. Aber mein Killerinstinkt ist geweckt. Ich würde am liebsten sofort auf die Jagd gehen. Auf die Jagd nach Nachbarn oder Mäusen, das wäre mir gerade wurstegal. Doch keiner lässt mich raus. *Mau!*

Na gut, dann halte ich eben Wache unterm Christbaum. Noch einmal lasse ich nicht zu, dass sich jemand daran vergreift. Nehmt euch in Acht vor Mirella von Koschka!

Als ich schon die Treppe hinunterschleiche, öffnet sich auf einmal Lolas Tür. *Krrr!* Schnell weg, bevor sie mich bei ihrer Mutter verpetzt.

Wie ein geölter Blitz sause ich die Stufen hinab und verberge mich unter einer Kommode. Sekunden später tappt Lola die Treppe hinunter, über ihrer Schulter hängt eine Tasche. Ich beobachte, wie sie einen Moment stehen bleibt. An der Neigung ihres Kopfes kann ich erkennen, dass sie horcht, ob auch alles still ist. Dann schnappt sich Lola ihre dicke Winterjacke, schlüpft in die Stiefel und pirscht sich ins Wohnzimmer. Ich flitze geduckt und völlig geräuschlos hinterher. Macht sie sich jetzt etwa doch über den Weihnachtsbaum her? Aber das ist natürlich Unsinn. Lola interessiert sich nicht die Bohne für Christbaumschmuck. Die Tanne würdigt sie keines Blickes,

sondern geht sofort zur Terrassentür, öffnet sie leise und schlüpft hinaus in die dunkle Nacht. Ganz allein! *Mia-huuuu!*

Lass das, Lola, draußen lungert womöglich der diebische Nachbar herum. Ach, du flinke Ratte, was mache ich jetzt bloß? Lola ist zwar ein kleiner Stinkstiefel und ziemlich eigensinnig, aber trotzdem ein Kind. Ich kann mich jetzt nicht einfach in mein Körbchen verziehen. Mein Beschützerinstinkt ist geweckt. Ich muss abwarten, bis sie wiederkommt. Oder Hilfe holen. Oder …

Ein grelles Licht im Garten erregt meine Aufmerksamkeit. Was war das? Ein Blitz? Gewitter? Um diese Jahreszeit? Vorsichtig hüpfe ich auf die Fensterbank und verberge mich hinter der Gardine. So kann ich draußen alles beobachten, aber keiner kann mich entdecken. Mit meinen Katzenaugen sehe ich natürlich hervorragend im Dunkeln. Wenn es etwas zu sehen gibt. Was hier leider nicht der Fall ist. Der Mond wirft ein mattes Licht auf den Schnee, der hintere Teil des Gartens, in dem Lola verschwunden ist, liegt gut versteckt hinter Büschen im Dunkeln. Kein Lichtblitz mehr, keine Lola. Was nun?

Einen Moment überlege ich noch, ob ich Finn wecken soll, damit er die Terrassentür für mich öffnet. Dann könnte ich Lola suchen, sie wie ein wilder Tiger verteidigen, mich auf mögliche Verfolger oder Nachbarn stürzen oder …

In diesem Moment geht die Terrassentür auf, und Lola

schleicht sich ins Wohnzimmer. Mit meinen Katzenaugen und im fahlen Licht des Mondes erkenne ich mehr als deutlich, dass ein geheimnisvolles Lächeln ihre Lippen umspielt. Beinahe glücklich sieht sie aus, mit glühenden Wangen und glänzenden Augen.

Was hat dieses rätselhafte Kind da draußen gemacht? Leider kann ich das ja nicht einfach fragen, und Lola hinterherlaufen geht auch nicht. Sie würde mich wahrscheinlich mit einem Fußtritt aus ihrem Zimmer befördern. Na gut, dann halte ich eben Wache. Besser als jeder Hund bin ich allemal!

Irgendwann müssen mir aber trotzdem die Augen zugefallen sein, denn als ich aufwache, ist es schon Morgen. Ich bin sofort hellwach und umrunde den Christbaum. Alles noch genauso wie in der Nacht. Die paar Sachen, die zuletzt am Baum hingen, sind noch da. Im Vergleich zum Christbaum, den Oma Lisbet und Finn geschmückt hatten, sieht das Ding jetzt ziemlich grün aus. Viele Zweige, wenig Baumschmuck. Mir gefällt das ja, wenn ich ehrlich bin. Es ärgert mich nur so wahnsinnig, dass noch ein paar hässliche Dinger am Baum hängen, meine wunderbare, herrliche, kostbare Kugel aber fehlt. *Grrrr!*

Finn macht ein betretenes Gesicht, als er die Treppe runterkommt. Die Sache mit dem Christbaumschmuck nimmt ihn ziemlich mit, den Armen. »Morgen, Mirella. Hat Oma dir Frühstück gegeben? War was in der Nacht? Hast du gut geschlafen?«

Also, wenn ich richtig gerechnet habe, dann waren

das jetzt gerade drei Fragen auf einmal. Selbst wenn ich antworten könnte, wäre ich damit ziemlich überfordert. Statt einer Reaktion hechte ich schnell auf die Fensterbank, um mal draußen die Lage zu checken.

Wahnsinn! Inzwischen sind so viele Fußspuren im Garten, dass kein Mensch mehr durchblicken kann. Ausnahmsweise auch keine Katze. Es sieht ein bisschen so aus wie die Schnittmuster von der Schneiderin von Beatrice. Die habe ich mir immer ganz fasziniert angesehen, wenn mein Frauchen wieder eine Anprobe in ihrem Ankleidezimmer hatte. Oder als hätte ein Trupp von Menschen auf der verschneiten Wiese ein paar Tänze aufgeführt. *Miauuuuu!* Für einen Moment schließe ich die Augen und konzentriere mich auf andere Dinge. Als ich sie wieder öffne, fällt mir auf einmal ein Stückchen Stoff

auf, das am Ende der Terrasse liegt. Vor lauter Überforderung habe ich es vorher übersehen. Der Fetzen ist kariert. Genau wie die Teddys, die bis vor einiger Zeit noch am Christbaum hingen.

Finn sieht auch hinaus, aber er scheint den Stoff nicht zu entdecken. Also maunze und miaue ich so lange, bis er endlich die Terrassentür öffnet und mich rauslässt. Boah, ist das eisig hier draußen. Mit meinen scharfen Zähnen packe ich den Stoff und schleppe ihn ins Wohnzimmer.

»Wow, Mirella, das ist eindeutig ein Stück von einem Teddy. Ich kombiniere mal: Der Dieb hat den Christbaumschmuck vom Haus in den Garten geschleppt. Aber warum?« Finn sieht mich mit weit geöffneten Augen an. »Dann kann es doch eigentlich nur jemand hier aus dem Haus gewesen sein.«

Ich blinzle und kneife die Augen zusammen, damit er weiß, dass ich ganz genau das Gleiche denke. Leider sind gerade alle mit den letzten Vorbereitungen für das morgige Weihnachtsfest beschäftigt, sonst könnte ich flott mal die Zimmer inspizieren.

»Wenn wir bald mittagessen, musst du überall nachsehen, ob dir was Besonderes auffällt.« Finn beugt sich nah an mein Ohr. »Und damit meine ich natürlich auch die Zimmer im oberen Stock. Meine Eltern lenke ich ab, auch Lola und Oma Lisbet.« Er wirft einen schnellen Blick in die Küche. »Glück gehabt, Mirella. Lola muss Oma Lisbet beim Kartoffelschälen helfen. Das ist unsere Chance! Du musst da oben einen Hinweis finden, Mirella, sonst fällt das richtige Weihnachtsfest dieses Jahr ins Wasser! Unter diesen traurigen Baum mag ja wohl keiner die Geschenke legen. Noch nicht mal das Christkind.«

Klare Ansage. Und was für eine! Während es mir um die Kugel geht, denkst du an die Geschenke. Ist ja auch ganz normal für ein Kind. Weihnachten ohne Geschenke wäre für dich natürlich ein echtes Weihnachtsdrama. *Mahuuuunz!*

Tatsächlich schaffe ich es mit Finns Hilfe, im oberen Stockwerk auf Spurensuche zu gehen. Mein Freund hat glücklicherweise alle Türen einen Spaltbreit geöffnet, damit ich hineinhuschen kann. Von unten höre ich Küchengeräusche, Stimmengemurmel und Tellergeklapper.

Oma Lisbets Zimmer erinnert mich an ein Gartenbeet im Frühling. Überall Blumen: auf den Kissen, an der Wand, in Bilderrahmen. Und es duftet auch nach … Veilchen, eindeutig. Die kenne ich nämlich so gut, weil Beatrice diesen Duft abscheulich fand. Jedes Jahr hat sie von ihrer Schwester ein solches Parfüm zum Geburtstag bekommen und es umgehend im Müll entsorgt. Oma Lisbet hätte es sicher gern genommen.

Also, in diesem Zimmer finde ich sicher nichts Weihnachtliches. *Miau!* Ab ins Elternschlafzimmer.

Hah! Hier sehe ich doch schon was … Gekonnt hüpfe ich auf den Schreibtisch. Eine Rolle Geschenkpapier mit Nikoläusen darauf liegt hier, eine Kiste mit irgendeinem leckeren Gebäck und jede Menge Miniweihnachtskugeln. Aber die sind so winzig, dass sie sicher nicht als Baum-

schmuck gedacht sind. Größere Kugeln, aus Gold und diamantenbesetzt, Glöckchen oder Teddybären kann ich keine entdecken. Schade. Ab zu Lola.

»Mathilda? Bist du oben?«, höre ich in diesem Augenblick die Stimme von Oma Lisbet. Sie steigt gerade die Treppe hinauf, das höre ich an ihrem Schnaufen. »Miezmiez, es gibt Futter für dich, Marta. Wo steckst du bloß?«

Wenn ich könnte, würde ich jetzt einen dieser gelben Merkzettel nehmen, meinen Namen mit dickem Filzstift daraufschreiben und ihn mir an die Stirn pappen. Dann könnte Oma Lisbet einfach ablesen: Mirella. Mirella von Koschka! Aber so gebe ich bei ihr jede Hoffnung auf.

Gerade als Oma Lisbet auf dem Treppenabsatz ankommt, verschwinde ich in Lolas Kleiderschrank. Glücklicherweise steht er offen, denn in dieses Chaoszimmer stolpert Finns Großmutter als Erstes hinein.

»Michelle? Kätzchen? Bist du hier? Komm zu Omi«, höre ich sie flöten. »Lola-Kind, wie sieht es denn bei dir wieder aus? Kleider auf dem Boden, deine Bettdecke ist voller Kleber, genau wie dein Schreibtisch. Und warum liegen hier überall Päckchen mit Backpulver? Wenn ich nicht wieder runtermüsste zum Kochen, würde ich alles mit dem Staubsauger wegsaugen. Alles!« Schwungvoll drückt Oma Lisbet die Schranktür ins Schloss. Die Tür …

… hinter der ich sitze. *Mauuuunz!*

»Raus aus meinem Zimmer, Oma. Ich räume noch auf, aber erst später. Jetzt muss ich Geschenke einpacken.«

Lola ist da, so ein Mist. Wie soll ich hier wieder rauskommen? Oder das Zimmer durchsuchen? Gerade will ich mein schreckliches Schicksal verfluchen, da höre ich Lolas aufgeregte Stimme. Klingt, als würde sie telefonieren. Jetzt aber mal Ohren spitzen, Mirella!

»Herr Schneck? Lola hier. Ich habe jetzt alles besorgt ... Ja klar, Backpulver und Essig ... ist auch fertig, die Filmdöschen habe ich schon gefüllt ... Genau. Mit den Scherben, damit es schön klappert. Brauchen wir sonst noch was? ... Der Baum ist fertig? Und WAS haben Sie entdeckt? Was ist mit der einen Kugel? Echt? Nee, das glaub ich jetzt aber nicht, oder? Das wäre ja ... das ... oh Mann, dann könnten meine Eltern endlich das Haus ... und ich vielleicht ein paar neue Klamotten und so ... Ist ja krass! Ja, das wird voll die Überraschung, noch mehr, als wir geahnt haben.« Sie kichert wie irre ins Telefon. »Okay, gut ... dann bis morgen. Das wird so ein cooles Weihnachtsfest, ich freue mich.«

Alter Falter. Lola weiß etwas von der Kugel. Aber kennt sie auch ihren Wert? Und sie plant etwas. Nur was? Ich kenne mich ja mit vielen Sachen aus, aber nicht mit Backpulver oder Essig. Was macht man mit diesen Dingen? Ist das gefährlich? Und was hat sie jetzt vor? In meinem Versteck vernehme ich Schritte. Oh, Lola geht auf den Schrank zu, ich muss mich unter diesem Kleiderstapel vergraben und ...

Krrrrz!

Puh, noch mal gut gegangen. Lola hat sich nur eine Jacke geschnappt und ist damit wieder verschwunden.

Mich hat sie nicht entdeckt, dafür aber die Schranktür aufgelassen. Bingo. Jetzt nix wie ab zu Finn, am besten gleich in sein Zimmer. *Prrr!* Aber ... stopp. Ich kann Finn doch gar nicht erzählen, was ich gehört habe. Also brauche ich irgendeinen Beweis dafür, dass Lola etwas vorhat und dazu wahrscheinlich den Baum geplündert hat. Viel Durcheinander kann ich dabei ja nicht machen, das ist schon da.

Miaaaaauuuu!

Lola ist wirklich schlau. Es dauert eine gefühlte Ewigkeit, bis ich in einem leeren Blumentopf auf der Fensterbank, über den sie ein Tuch gelegt hat, zwei goldene Glöckchen vom Weihnachtsbaum finde. Tragen kann ich die Dinger nicht, also muss ich Finn hierherlocken. So schnell wie möglich.

»Mensch, Mirella, wo warst du so lange?«, fragt mein Freund, als ich ihn erwische. »He, und wieso drückst du mich so mit dem Kopf? Willst du mir etwas zeigen? Soll ich mitkommen? Alles klar.«

Nachdem ich nachgesehen habe, ob die Luft rein ist, sause ich in Lolas Zimmer und hüpfe mit einem Satz auf den Schreibtisch. Kopfschüttelnd steigt Finn über Hosen, Pullover, Bücher, Haarbürsten und Schminke.

»Boah, was für ein Chaos. Arme Mirella. Hier kann man doch unmöglich was finden, oder?«

Andere nicht, ich schon! Hoheitsvoll nehme ich neben dem Blumentopf Platz und drücke meine Vordertatze auf den Rand.

»Okay, dann lass mal sehen, was du entdeckt hast … wow! Da sind ja zwei Glöckchen vom Baum. Ganz schön gut versteckt. Ich wäre nie darauf gekommen, dass …«

»Darf ich fragen, was du hier machst?« Lola steht auf einmal in der Tür, macht einen großen Schritt ins Zimmer und schließt die Tür hinter sich. »Und seit wann erlaubt Mama, dass sich die Katze hier oben rumtreibt?«

»Mirella und ich ermitteln. *Geheimsache Christbaum.*« Lola bricht in schallendes Gelächter aus. »Ich fasse es nicht. Eine Katze als Detektivin, ist ja voll crazy.«

»Immerhin hat sie das hier gefunden.« Finn hebt die beiden Glöckchen aus dem Blumentopf. »Seit Tagen verschwindet immer mehr Christbaumschmuck, und jetzt findet Mirella das Zeug bei dir. Was soll das, Lola?«

Ich werfe Finn einen bewundernden Blick zu. Mein Freund gebärdet sich wie Sherlock Holmes persönlich. Mit fester Stimme und klaren Fragen. Ich bin mächtig beeindruckt. Lola offensichtlich auch, denn für einen Moment bleibt ihr die Spucke weg. Dann grinst sie breit und lässt sich auf ihr ungemachtes Bett fallen.

»Okay, jetzt ist sowieso alles so gut wie fertig, dann kann ich es ja verraten. Aber …«, sie hebt den Zeigefinger an die Lippen, »… du darfst Mama und Papa und Oma Lisbet absolut nichts erzählen. Das musst du schwören, Brüderchen.« Und mit einem Blick zu mir. »Glücklicherweise kannst du ja nicht sprechen. Aber ganz schön krass, dass ausgerechnet eine Katze mein Versteck im Blumentopf entdeckt. Echt cool.«

Finn hebt Zeige- und Mittelfinger der rechten Hand und streckt sie zum Schwurzeichen in die Höhe. »Ich schwöre.«

»Okay.« Lola lächelt. »Na, dann passt mal auf …«

Der vierzehnte Bissen ...
... ist eine echte Rakete!

Endlich Heiligabend.

Noch nie war ich bei einer echten Kinderkrippenfeier – noch dazu in einer Kirche. Aber mein Freund Finn wollte auf keinen Fall, dass ich allein zu Hause bleibe. Er wollte unbedingt, dass ich die Vorstellung von ihm und seinen Freunden Dilara, Malin, Leni und Leon sehe. Und so hat Oma Lisbet mich tatsächlich in ihre riesige Handtasche gestopft und sich damit in die erste Reihe gesetzt, an den Rand. Ich habe vorsichtig aus der Tasche gespäht und alles gesehen. Die Hirten und Schafe und das Jesus-

kind und den Engel. Wahnsinn! Und Finn, mein Freund, der war natürlich der Allerbeste.

Nach dem Besuch der Kinderkrippenfeier gibt es nun den zartesten Putenbraten, den ich je gefuttert habe. Für mich leicht gedünstet und mit ein paar Stängeln Schnittlauch. Wie schon erwähnt – das Auge isst mit.

Jetzt sitzt die komplette Familie Pfeffer dick eingemummelt auf der Terrasse und sieht erwartungsvoll in den Garten. Ich habe es mir auf Finns Schoß gemütlich gemacht und schnurre, was das Zeug hält. *Prrrrr!*

Herr Schneck hat den Feuerkorb vom Nachbargrundstück angeschleppt und einige Scheite entzündet. Nun hockt er neben Oma Lisbet und prostet ihr mit seinem Glühwein zu, während sie kichernd ihr Glas erhebt. Auf dem Tisch vor ihnen liegt die Kugel, von der nun die ganze Familie den Wert kennt.

»Jetzt will ich aber endlich alles ganz genau wissen«, erklärt Linda energisch. »Was ist mit unserem Christbaumschmuck passiert? Und wer hat entdeckt, dass die Kugel richtig wertvoll ist?«

Paul nickt Herrn Schneck zu. »Bitte, Herr Nachbar, fangen Sie an, damit ich auch wirklich verstehe, was hier in den letzten Tagen passiert ist. Meine Frau und ich hatten ja wirklich keine Ahnung. Wir haben es immer für einen lustigen Spaß von Finn gehalten, wenn wieder etwas am Baum gefehlt hat.« Entschuldigend sieht er zu Finn. »Sorry, Sohn, tut mir echt leid.«

Herr Schneck räuspert sich ein paarmal und stellt sein

Glas auf den Tisch. »Aaaaalso: Schon vor einiger Zeit hatte mir Lola erzählt, dass sie gerne mal eine richtige Weihnachtsüberraschung für ihre Familie planen würde. Und dass das Ganze auch noch im Freien stattfinden sollte.«

»Es hat aber voll lange gedauert, bis ich ihn überreden konnte.« Lola strahlt. »Erst fand er die Idee nämlich ziemlich bescheuert. Aber als ich ihm dann gesagt habe, dass ich auch seine Fähigkeiten als Chemielehrer ...«

»Pssst, Lola!« Herr Schneck hält den Zeigefinger an den Mund. »Nicht gleich alles verraten. Die Überraschung kommt doch noch. Lass mich erst mal von der Kugel erzählen.« Wieder räuspert sich Herr Schneck aufgeregt. »Tatsächlich habe ich Lola geholfen, nach und nach den Schmuck von eurem Tannenbaum zu einer ... na, sagen wir mal ... anderen Stelle zu bringen. Eines Tages war auch diese Kugel dabei.« Er deutet auf das diamantenbesetzte Schmuckstück auf dem Tisch. »Lola hat noch ihre Witze darüber gemacht, wie kitschig die Kugel sei. Aber ich war sofort fassungslos und habe gleich gesehen, dass sie echt ist. Komplett vergoldet und mit herrlichen Diamanten besetzt. Ganz ehrlich – das hätten Sie ohne Lolas Hilfe sicher nie entdeckt.«

Verlegen sieht Lola ihre Eltern an.

»Das stimmt«, gibt Linda sofort zu. »Also hat sich deine Weihnachtsüberraschung schon jetzt gelohnt, Lola-Maus. Aber du hast ja noch einiges vor, hast du gesagt. Ich bin so gespannt.«

»Das hätte ich mir nie träumen lassen, dass diese olle Kugel echt ist.« Oma Lisbet kichert wie ein junges Mädchen. »Gleich nach dem Weihnachtsfest verkaufen wir das Ding und zahlen damit das Haus ab. Und dann darf sich jeder von euch einen Wunsch erfüllen, Lola als Erste!«

»Und Mirella?«, ruft Finn. »Kriegt die nichts? Die hat sich auch was Besonderes verdient. Wenn sie was sagen könnte, würde sie sich bestimmt frischen Thunfisch wünschen. Stimmt's, Miri ... äh ... Mirella natürlich.«

Miaaaau! Geniale Idee. Woher Finn das wohl wieder weiß?

Paul und Linda können ihr Glück immer noch nicht fassen, sie haben sich unter ein paar Decken gekuschelt und stoßen mit zarten Sektflöten an. Genau solchen, wie sie Beatrice immer in den Nobelhotels gereicht wurden. Äh ... wie komme ich jetzt auf Beatrice? Völlig unwichtig, Vergangenheit! Immerhin liege ich bei Finn, der mich vor lauter Aufregung wie ein Bekloppter streichelt. Weiter so. *Miau!*

Ein paar Minuten später geht es mit einigen Donnerschlägen von selbst gebastelten Krachern und Miniraketen los.

»Katzen vertragen diesen Lärm nicht. Du musst Mirella die Ohren zuhalten«, ruft Oma Lisbet Finn zu.

Wie bitte? Hab ich das gerade richtig gehört – sie hat Mirella zu mir gesagt? Ist ja unglaublich. Anscheinend lernt es die alte Dame doch noch.

Fürsorglich legt Finn seine schmalen Kinderhände schützend über meine Ohren.

»So ist es gut«, bestätigt Oma Lisbet. »So kann Mirabella auch bei dem Lärm weiter bei uns hier draußen im Garten bleiben.«

Aaargh. Zu früh gefreut. Na ja, wahrscheinlich hätte mir glatt was gefehlt, wenn Oma Lisbet meinen Namen ab jetzt immer richtig gesagt hätte. Es gibt Wichtigeres im Leben.

Gemeinsam beobachten wir die Miniraketen, die Lola mit Herrn Schnecks Hilfe aus leeren Filmdöschen gebastelt hat. Scheppernd und lärmend sausen sie in diesem Moment in den Himmel. Dazu brennen an diversen Stellen im Garten Wunderkerzen um die Wette. Ach, diese sternchenförmigen Dinger liebe ich! Und jetzt weiß ich auch, warum Lola immer so verbrannt roch. Sie hat nämlich Dutzende von den Dingern schon probehalber im Garten abgefackelt, wie sie stolz allen erzählt.

Von irgendwo her ertönt weihnachtliche Klaviermusik, auf einmal erstrahlt eine alte krumme Fichte im Garten im Schein mehrerer Lichterketten. Geschmückt mit Teddybären, Kugeln und Glöckchen, mit Schneebesen, Ausstechformen, Lametta, Goldpapierschlangen und vielen Süßigkeiten. So schön und verrückt und ungewöhnlich und zauberhaft.

Wie lange Lola wohl an diesem Kunstwerk gearbeitet hat?

»Wie findet ihr es?«, fragt sie schüchtern, als sie bei

uns auf der Terrasse auftaucht. Verlegen reibt sie sich die
klammen Finger.

»Mega ... um mal in deinen Worten zu sprechen«, erklärt Paul.

Linda packt die Hand ihrer Tochter ergriffen. »Unglaublich.«

Und sogar Oma Lisbet lässt für einen Moment die Hand
von Herrn Schneck los, hebt ihr Glas und erklärt: »Frohe
Weihnachten euch allen. Das ist wirklich eine großarti-
ge Idee, hier draußen, mitten im Schnee, zu feiern. Und
ich freue mich umso mehr, dass ich euch mit meiner alten, vergammelten Weihnachtsbaumkugel einen kleinen

Geldsegen zukommen lassen kann. So muss der Heilige Abend eigentlich sein.«

Finn sagt nichts, ich sowieso nicht. Das Geld von der Kugel ist uns ziemlich egal. Hauptsache, unser Fall ist gelöst. Und außerdem sehen wir uns an, so wie es nur echte Freunde können. Und in dem Moment weiß ich, dass ich diese ganze verrückte Familie Pfeffer ziemlich gern hab und nirgendwo auf der Welt lieber wäre als hier.

Nachtisch:
Das Beste zum Schluss

So long, Beatrice, gute Fahrt auf deinem Kreuzfahrtschiff. Lass dir ruhig alle Zeit der Welt. Unsere Wege haben sich vor einigen Tagen getrennt, und das kann ruhig so bleiben. Wegen mir musst du nicht wiederkommen und mich holen ... falls du das überhaupt jemals ernsthaft in Erwägung gezogen hast. Ich habe beschlossen, dass ich das Frauchen in ein Herrchen umtauschen möchte. Heiliges Dosenfutter! Sogar die Aussicht auf den Thunfisch, den mir Oma Lisbet nach dem Verkauf der Kugel in Aussicht gestellt hat, ist unwichtig. Inzwischen habe ich nämlich festgestellt, dass Luxus nicht alles ist in einem Katzenleben. Spaß und ein paar verrückte Menschen rundherum sind viel wichtiger. Finn macht seine Sache ziemlich gut, ich mag ihn. Und auch Lola ist nicht die kleine Zicke, für die ich sie anfangs gehalten habe, sondern ein richtiger Familienmensch. Überhaupt ... ich mag die Familie Pfeffer. Bestimmt hast du nichts dagegen, dass ich bleibe, liebste Beatrice.

Ach ja, und ... Frohe Weihnachten!

Leseprobe aus

Camillas geheime Zauberküche

Band 1
von Barbara Rose

Ab 8 Jahren
224 Seiten

Verlag Friedrich Oetinger
ISBN: 978-3-7891-0794-8

Erstes Kapitel
Bloß nichts anbrennen lassen!

Es war ein herrlicher Morgen. Die Luft war fluffig und
weich wie Eischnee, aus dem Gewächshaus im Garten
strömte der Duft von Lavendel ins Zimmer. Missi
hätte ewig so im Bett liegen können. Mit dem Zwit-
schern der Buchfinken im Ohr und diesem kribbe-
ligen Sommergefühl in Nase und Bauch.
Wenn nur die blöde Schule nicht wäre. Sie spähte
nach dem Wecker. Noch sieben Minuten. Ein Glück!
Entspannt schloss Missi die Augen und wollte sich gerade wegträumen. Da stieß etwas Weiches, Warmes an
ihren linken Fuß, der unter der Bettdecke hervorlugte.
»Morgen, Basil. Willst du kuscheln?«
Eigentlich hatte Missi jetzt das erfreute Kläffen des
Familienhundes erwartet. Stattdessen hörte sie ein
lautes »Määh. Meck, meck, meck!«

»Pimpi?« Missi blinzelte. »Oh nein … DU doch nicht. Lass mich in Ruhe, bitte nicht …«

Zu spät.

Pimpinella, die eigensinnige Ziege der Familie Zuckerschwert, schlabberte mit ihrer rauen Zunge über Missis Fuß. Ihre Spezial-Begrüßung. Danach knabberte sie an Missis Zehen und … zog ihr mit den Zähnen schwungvoll die gemütlich warme Federdecke weg.

»Pimpi! Verschwinde«, knurrte Missi, drückte die Ziege zur Seite und sprang aus dem Bett.

Erstaunlich, wie schnell man hellwach sein konnte. Aus den Augenwinkeln beobachtete sie, wie sich die Ziege einen Salatkopf vom Boden schnappte und damit verschwand. Auch das noch! Hatte Pimpi also schon wieder Gemüse geklaut, das für das Gasthaus *Zur Linde* von Missis Eltern gedacht war. Eilig angelte Missi eine Jeans und ein T-Shirt vom Schreibtischstuhl, schlüpfte hinein und nahm die Verfolgung auf. Die Treppe hinunter, durch den Hausflur und …

Missi stutzte … Wieso roch es hier eigentlich so komisch? … Sie überlegte kurz … Hier roch es ganz seltsam nach … Missi raste in die Küche. Ihr Blick fiel auf den

Gasherd, die knisternde Flamme, den dampfenden
Topf.

»Papa!«, brüllte Missi. »Du hast die Milch vergessen!«

Mit einem Satz war sie am Herd. Mit der rechten
Hand schaltete sie das Gas aus, mit der anderen
schnappte sie sich erst einen Lappen und dann
den Topf mit der Milch. Oder besser dem, was
davon übrig geblieben war. Eine eklige braun-
schwarze Kruste. Missi wuchtete das verkohlte
Gefäß in die Spüle und ließ kaltes Wasser darüber-
laufen.

Ein Zischen. Ein Brodeln. Nebelschwaden.

Dann war Ruhe.

»Geschafft!« Erschöpft sackte Missi auf einen
Küchenstuhl.

»Morgen, Krümel!« Ein großer, schlanker Mann mit
Dreitagebart und verstrubbelten Haaren polterte zur
Tür herein. Missis Papa. Erstaunt sah er Missi an.

»Heute bist du aber früh unten! Habe gerade erst die
Milch für deinen Kakao aufgesetzt.«

Hinter ihm trabte Basil, die Französische Dogge mit
den lustigen Ohren, eins schwarz, das andere weiß, in
die Küche.

CHAOS BEIM
KRIPPENSPIEL

Barbara Robinson
**Hilfe, die Herdmanns
kommen**
96 Seiten I ab 8 Jahren
ISBN 978-3-8415-0434-0

Die Herdmann-Kinder sind die schlimmsten Kinder aller Zeiten. Sie lügen, klauen, rauchen, machen schmutzige Witze und fegen ein Klassenzimmer mit Hilfe ihrer halbwilden Katze in der Rekordzeit von drei Minuten völlig leer. Jetzt haben sie es sogar geschafft, sämtliche Hauptrollen in dem Krippenspiel zu bekommen, das zu Weihnachten aufgeführt werden soll. Natürlich erwartet jeder das schlimmste Krippenspiel aller Zeiten ...